ELOGIOS PARA
Frente a Frente

"Em nosso mundo cada vez mais digital, Brian Grazer nos leva para sua jornada pessoal de interação humana. Ele prova que o simples passo de fazer contato visual transformou a vida dele e pode mudar a sua também. Esta é uma leitura obrigatória para nossos tempos."

— Neil Blumenthal, cofundador e coCEO da Warby Parker

"Nessa era digital, a humanidade está toda voltada para a conexão. As histórias cativantes e bem pessoais de Brian Grazer são um chamado para agirmos em relação a conhecermos uns aos outros. A mensagem no livro *Frente a Frente* é essencial para nossos tempos."

— Anne Wojcicki, cofundadora e CEO da 23andMe

"Eu me lembro das inúmeras vezes em que Brian fez o impossível por meio de uma única conversa frente a frente. Em seu novo livro, ele entrou de cabeça no tema sobre a influência da comunicação frente a frente e por que isso ajuda a fazer as coisas acontecerem nos negócios e na vida."

— Ron Howard, diretor vencedor do Academy Award

"Em tempos em que a conexão humana está sendo cada vez mais interrompida por nosso vício crescente nas telas, este

cativante livro revela que podemos transformar nossas vidas ao nos conectarmos de verdade com os outros. Usando histórias incrivelmente pessoais, Brian Grazer mostra como o simples ato de olhar para cima pode mudar sua vida."

— Arianna Huffington, fundadora do *Huffington Post* e CEO da Thrive Global

"Este presente de Brian consegue chegar à essência do que, e mais importante, *por que* uma pessoa sente o que sente. Suas histórias e seus *insights* abrirão seu coração e sua mente para a urgência da conexão humana."

— Jimmy Iovine, empresário

"Não conheço ninguém tão interessante — ou interessado — quanto Brian Grazer. *Frente a Frente* é um guia para se conectar com outras pessoas. Nenhuma outra pessoa que eu conheço poderia ter escrito este livro."

— Angela Duckworth, autora de *Garra*

"Estar conectado não é o mesmo que se conectar. Somente quando conhecemos pessoas frente a frente é que conseguimos formar os tipos de conexões significativas que realmente importam em nossas vidas. E Brian Grazer é mestre nisso. Contado por meio de histórias de sua jornada pessoal, *Frente a Frente* é um ótimo lembrete e um guia valioso sobre como podemos nos conectar profundamente com as pessoas, nas formas mais significativas."

— Simon Sinek, otimista e autor de *Comece Pelo Porquê* e de *Líderes Se Servem Por Último*

TAMBÉM ESCRITO POR BRIAN GRAZER

Uma Mente Curiosa: O Segredo Para Uma Vida Brilhante

Frente a Frente

A arte da conexão humana

Brian Grazer

ALTA LIFE
EDITORA
Rio de Janeiro, 2021

Frente a Frente

Copyright © 2021 da Starlin Alta Editora e Consultoria Eireli. ISBN: 978-85-5081-468-1

Translated from original Face to Face. Copyright © 2019 by Brian Grazer. ISBN 978-1-5011-4772-2. This translation is published and sold by permission of Simon & Schuster, Inc., the owner of all rights to publish and sell the same. PORTUGUESE language edition published by Starlin Alta Editora e Consultoria Eireli, Copyright © 2021 by Starlin Alta Editora e Consultoria Eireli.

Todos os direitos estão reservados e protegidos por Lei. Nenhuma parte deste livro, sem autorização prévia por escrito da editora, poderá ser reproduzida ou transmitida. A violação dos Direitos Autorais é crime estabelecido na Lei nº 9.610/98 e com punição de acordo com o artigo 184 do Código Penal.

A editora não se responsabiliza pelo conteúdo da obra, formulada exclusivamente pelo(s) autor(es).

Marcas Registradas: Todos os termos mencionados e reconhecidos como Marca Registrada e/ou Comercial são de responsabilidade de seus proprietários. A editora informa não estar associada a nenhum produto e/ou fornecedor apresentado no livro.

Impresso no Brasil — 1ª Edição, 2021 — Edição revisada conforme o Acordo Ortográfico da Língua Portuguesa de 2009.

Erratas e arquivos de apoio: No site da editora relatamos, com a devida correção, qualquer erro encontrado em nossos livros, bem como disponibilizamos arquivos de apoio se aplicáveis à obra em questão.
Acesse o site www.altabooks.com.br e procure pelo título do livro desejado para ter acesso às erratas, aos arquivos de apoio e/ou a outros conteúdos aplicáveis à obra.

Suporte Técnico: A obra é comercializada na forma em que está, sem direito a suporte técnico ou orientação pessoal/exclusiva ao leitor.
A editora não se responsabiliza pela manutenção, atualização e idioma dos sites referidos pelos autores nesta obra.

Dados Internacionais de Catalogação na Publicação (CIP) de acordo com ISBD

G785f	Grazer, Brian
	Frente a Frente: a arte da conexão humana / Brian Grazer ; traduzido por Vanessa Schreiner. - Rio de Janeiro : Alta Books, 2021.
	208 p. ; il. ; 14cm x 21cm.
	Tradução de: Face to Face
	Inclui bibliografia e índice.
	ISBN: 978-85-5081-468-1
	1. Biografia. I. Schreiner, Vanessa. II. Título.
2021-3026	CDD 920
	CDU 929

Elaborado por Vagner Rodolfo da Silva - CRB-8/9410

Rua Viúva Cláudio, 291 — Bairro Industrial do Jacaré
CEP: 20.970-031 — Rio de Janeiro (RJ)
Tels.: (21) 3278-8069 / 3278-8419
www.altabooks.com.br — altabooks@altabooks.com.br

Produção Editorial
Editora Alta Books

Gerência Comercial
Daniele Fonseca

Editor de Aquisição
José Rugeri
acquisition@altabooks.com.br

Produtores Editoriais
Illysabelle Trajano
Maria de Lourdes Borges
Thales Silva

Marketing Editorial
Livia Carvalho
Gabriela Carvalho
Thiago Brito
marketing@altabooks.com.br

Equipe de Design
Larissa Lima
Marcelli Ferreira
Paulo Gomes

Diretor Editorial
Anderson Vieira

Coordenação Financeira
Solange Souza

Produtor da Obra
Thiê Alves

Equipe Ass. Editorial
Brenda Rodrigues
Caroline David
Luana Rodrigues
Mariana Portugal
Raquel Porto

Equipe Comercial
Adriana Baricelli
Daiana Costa
Fillipe Amorim
Kaique Luiz
Victor Hugo Morais
Viviane Paiva

Atuaram na edição desta obra:

Tradução
Vanessa Schreiner

Copidesque
Vivian Sbravatti

Capa
Marcelli Ferreira

Revisão Gramatical
Caroline Marques
Thamiris Leiroza

Diagramação
Catia Soderi

📧 **Ouvidoria:** ouvidoria@altabooks.com.br

Editora afiliada à:

*Para minha esposa, Veronica,
minha alma gêmea em todas as formas.
Você me conhece por inteiro.*

Agradecimentos

Sage, Riley, Patrick e Thomas: espero que vocês peguem como exemplo essas histórias e lições da minha vida e que desenvolvam maneiras próprias de criar conexões significativas e de encontrar sentido dentro de si mesmos e no mundo lá fora. Que nossos discursos de aniversário tenham vida longa.

Este livro evoluiu graças à contribuição sábia e criativa de amigos e colegas, entre eles Malcolm Gladwell, Bryan Lourd, Adam Grant, Michael Rosenberg, Risa Gertner, Julie Oh, Bryan Lourd, Tara Polacek, Simon Sinek, Will Rosenfeld, Stephanie Frerich e todos que me ofereceram orientação ao longo do caminho. Quero agradecer especialmente às nossas amigas Jenna Abdou e Samantha Vinograd pelo verdadeiro trabalho pesado, principalmente quando iniciou a contagem regressiva. Vocês entenderam o ponto de vista e o deixaram melhor. Obrigado, Jenn Hallam: você é a estrela que Simon descreveu na Toscana.

Quase toda semana encontro um amigo próximo, frente a frente, para um café. Obrigado, Bob Iger, pela amizade imensurável.

Jon Karp, o presidente e editor da Simon & Schuster, adorou a ideia de contato visual e conexão pessoal desde o princípio. Obrigado pela paciência e pelo estímulo.

FRENTE A FRENTE

Sou profundamente grato ao meu amigo, o artista célebre Mark Bradford, que generosamente criou a arte-final "FRENTE A FRENTE" para este livro. A história pessoal dele sempre me comoveu muito. Trabalhando no salão de beleza de sua mãe para sobreviver, em Crenshaw, ele não teve dinheiro ou oportunidades para se tornar um artista até alcançar seus 40 anos. É muito difícil e raro atingir seu nível de realização como artista quando se começa nessa idade. Ele é, e sempre será, uma voz autêntica em nosso mundo.

Obrigado ao romancista e roteirista Matthew Specktor, que ajudou a organizar o livro quando ainda era apenas uma ideia. Nós nos reunimos para muitos cafés da manhã regados a *huevos rancheros* na varanda dos fundos enquanto ele ouvia minhas histórias.

Em meu trabalho como produtor de cinema e televisão, tomo decisões qualitativas todos os dias. Todas as vezes em que tomo uma dessas decisões e digo para mim mesmo que está "bom o bastante", quase sempre significa que está ruim. Com este livro, houve um ponto em que, quando o manuscrito havia sido entregue, o livro estava listado na Amazon e eu pensava que estava tudo pronto. No dia em que o prazo se encerraria, minha brilhantemente sincera esposa, Veronica, chamou-me de lado e disse que o livro estava "bom o bastante". Entendi imediatamente. Ela foi a incentivadora — e também minha mentora — que me encorajou a voltar ao livro e a dedicar o tempo extra para deixá-lo melhor. Ela me pressionou implacavelmente, e serei eternamente grato.

Todos os dias, Veronica ensina a mim e aos nossos filhos sobre a verdadeira conexão humana, não por meio de palavras, mas no modo como ela despende tempo para ver as pessoas, escutá-las e fazê-las se sentirem importantes. Ela é minha

AGRADECIMENTOS

bênção e uma verdadeira colaboradora neste livro e em minha vida. Agradeço a Deus por tê-la comigo.

Sumário

	Introdução	1
UM	Você Me Conhece?	13
DOIS	Dê Uma Chance para a Conexão	29
TRÊS	A "Chave" para o Acaso	39
QUATRO	Juntos Crescemos	45
CINCO	Acredite no Olhar	57
SEIS	O Que Seus Olhos Dizem?	77
SETE	É Universal	87
OITO	Aclamados	97
NOVE	Escute!	109
DEZ	Adapte-se ou Morra	117
ONZE	Curiosidade no Kremlin	127
DOZE	O que Palavras não Podem Dizer	139
TREZE	Onde a Vida Começa	151
QUATORZE	Aventurando-se em Novos Mundos	159
QUINZE	Em um Piscar de Olhos	167
DEZESSEIS	Lua de Mel na Terra Sagrada	177
DEZESSETE	O que Significa Estar Vivo	183
	Notas	189
	Índice	192

Introdução

"Brian, olhe para mim quando eu estiver falando com você!"

Faz algum tempo que passei pelo ensino fundamental, mas ainda me lembro de quando minha professora, Srta. Jenkins, chamava minha atenção em aula. Meu corpo inteiro começava a suar frio. Meu coração acelerava. E meus olhos iam para todas as direções, *menos* para a da Srta. Jenkins.

Provavelmente, a Srta. Jenkins não parecia ser uma pessoa ameaçadora para mais ninguém. Mas ela me causava absoluto pavor. Uma vez, quando achou que eu não estava prestando atenção na aula, ela me tirou da sala e me bateu no rosto com uma palmatória de madeira, deixando um vergão vermelho e latejante em minha bochecha. No entanto, mais do que o temperamento da Srta. Jenkins, o que me causava pânico de verdade era sua habilidade em fazer eu me sentir humilhado apenas por me perguntar algo. Eu quase *nunca* sabia a resposta, e ser forçado a admitir isso — repetidas vezes, em alto e bom som, na frente de toda a turma — era muito constrangedor. Os outros alunos riam pelas minhas costas, cochichavam e faziam piadinhas às minhas custas. Isso machucava mais do que uma palmatória na cara. Todas as manhãs eu temia ir à escola, pensando na pergunta que a Srta. Jenkins faria e na humilhação que eu passaria.

FRENTE A FRENTE

Nem preciso dizer que, a não ser me esconder embaixo da mesa (por mais tentador que fosse), fiz de tudo para me manter longe do radar da Srta. Jenkins. Quando ela fazia uma pergunta, correndo os olhos pela turma na espera por uma resposta, eu olhava para o lado ou fingia estar com tosse. Inventei todos os tipos de desculpas: idas ao banheiro, dores de estômago, até mesmo um falso dedo do pé quebrado. Mas minha técnica predileta de esquiva era "desviar o olhar". Nessa idade, desviar o olhar era o modo mais rápido de se esquivar. Eu pensava que, se não olhasse nos olhos da Srta. Jenkins, ela não me chamaria. Desastre evitado. Quando percebi que outros alunos estavam usando essa mesma técnica, entendi que, provavelmente, eles também estavam desviando o olhar para evitar constrangimento.

É claro que minhas tentativas de evitar a atenção de minha professora nem sempre foram bem-sucedidas. Nos dias em que ela chamava meu nome, em vez de olhar em sua direção, eu continuava com o olhar fixo ou para o teto.... ou para a lousa... ou para meus pés. Eu pensava que, se não olhasse diretamente para ela, talvez ela também desviasse o olhar. Talvez ficasse com pena de mim e chamasse outra pessoa em meu lugar. Ou talvez eu desaparecesse por completo e ela não me visse mais. Esse era um sonho distante. Mas valia a pena tentar, se isso significasse que eu teria uma chance de evitar parecer bobo, mais uma vez, na frente de meus amigos e colegas de classe.

A verdade é que a escola foi um período difícil para mim. A razão pela qual eu não conseguia responder a questões em aula era que eu tinha dificuldade em fazer as tarefas de casa; e o motivo disso era que eu sentia uma dificuldade imensa na leitura. Eu olhava para as palavras, mas elas não faziam o menor sentido para mim. Eu não conseguia captá-las. Não conseguia

INTRODUÇÃO

fazer a correspondência entre os símbolos naquelas páginas e a língua que eu conhecia e usava com fluência. Analisando isso agora, entendo que eu estava lidando com um problema de leitura. Infelizmente, isso foi muito antes de conseguirem identificar essa dificuldade como "dislexia". Naquela época, as pessoas presumiam que, se sua habilidade para a leitura era fraca, era porque você era preguiçoso ou burro.

Não acho que a situação na casa em que eu vivia facilitou as coisas. Muitas vezes, eu mal conseguia sobreviver a um dia na escola, chegava em casa e encontrava meus pais discutindo. Eles estavam sempre alterados — às vezes apenas gritando um com o outro — e muitas de suas brigas pareciam ser sobre o que fazer comigo ou sobre me fazer repetir o mesmo ano. No entanto, raramente conversavam comigo a respeito disso. Resumindo, quando criança, eu me sentia sozinho e ansioso a maior parte do tempo.

Graças à minha adorada avó, Sonia, fui capaz de conquistar um pouco de autoconfiança e mudei minha relação com os estudos assim que entrei para o ensino médio. Uma típica avó de origem judaica, com seus 1,60m, ela sempre acreditou em mim e tentou exaltar minhas habilidades mais fortes, sendo uma delas a comunicação verbal. Veja, sempre fui melhor orador do que leitor. Vovó Sonia pegava minha mão e falava: "Brian, você tem o dom da fala. Você vai longe!" e "Nunca pare de questionar!" Quanto mais eu internalizava essas falas, mais seguro me sentia na escola. Comecei a fazer perguntas e a contribuir nas discussões em sala de forma espontânea. Em vez de evitar meus professores, comecei a conversar e a interagir com eles. Não demorou muito para eu perceber que, quando eu olhava para meus professores e colegas enquanto eles falavam, era capaz de absorver melhor o que eles estavam dizendo. Quanto mais focado eu estava, com mais atenção escutava e mais fácil era entender o conteúdo. Acabou que o tempo que passei tentando parecer invisível no ensino fundamental, desviando o olhar para que a professora não me chamasse, estava tornando os estudos algo ainda mais difícil para mim.

Quando fui para a Universidade do Sul da Califórnia, os riscos se tornaram maiores e a pressão para se sair bem, mais intensa. A faculdade era um ambiente completamente diferente, e eu tinha que ser ainda mais engenhoso para alcançar o que queria — e precisava — aprender para ser alguém depois que me formasse. Baseado nos hábitos que adquiri ao longo da adolescência, tornei-me extremamente focado em meus professores e encontrei meios de interagir com eles além dos limites tradicionais das aulas. Eu os abordava depois das aulas e os procurava em suas salas nos horários de expediente (meu preferido), para que pudéssemos discutir o conteúdo que eles estavam ensinando. O fato de eu conseguir lhes fazer perguntas em um ambiente íntimo fora da sala de aula, onde podíamos nos olhar de frente, vivificou os conteúdos de uma forma completamente nova para mim.

Grupos de estudo tinham um efeito semelhante. Em reuniões de grupo, frente a frente com meus colegas, aprendi tanto com o que estava sendo dito quanto com o que não estava. As pessoas se tornaram minhas enciclopédias humanas e meus objetos de pesquisa. E me tornei perito em escutá-las e em ler seus sinais não verbais, desde suas expressões até sua linguagem corporal. Notei que, quando eu focava as pessoas, elas conseguiam sentir que eu estava interessado e ficavam mais confortáveis em continuar falando e em dividir suas experiências comigo. Durante essas conversas, fiz perguntas que tornavam o conteúdo que estávamos aprendendo em aula mais relevante

INTRODUÇÃO

de forma individual, como: "Por que você se interessa por essa aula de física?" e "Como você acha que isso se aplica no dia a dia?" Ou, ainda, questionava explorando seus pensamentos e sentimentos, como: "Por que você fez isso?" e "Como isso o afetou?" Às vezes discutíamos, em outras concordávamos, mas essas trocas entre nós eram muito mais interessantes do que o método de comunicação da sala de aula. Por meio dessa experiência, assimilei tanta informação quanto consegui, cultivando meu intelecto, e comecei a expandir minha visão de mundo. Sem mencionar o fato de que me diverti muito com eles!

No meu primeiro ano, decidi fazer uma aula de química avançada com alguns dos garotos mais inteligentes do curso. Após a primeira aula, percebi que aquilo talvez fosse demais para mim. No entanto, ao longo do semestre, notei que eu estava fazendo perguntas mais perspicazes e inteligentes do que a maioria de meus colegas. Eu podia ver o olhar de estima do professor quando eu lhe perguntava quais eram os maiores mistérios não solucionados na química, e me lembro do exato momento em que isso me ocorreu: "Talvez eu seja um dos garotos mais inteligentes." De forma incrível, quanto mais eu interagia com os outros, mais eu expandia meu conhecimento e mais confiante me sentia. Era como se eu tivesse um superpoder que tinha acabado de descobrir.

No momento em que reconheci essa habilidade, minha vida começou a melhorar expressivamente. Sei que isso soa mentira, mas é verdade. E isso praticamente explica como cheguei até aqui. Nunca me imaginei escrevendo livros. Sempre fiz cinema e televisão. Mas, após alguns anos satisfazendo minha curiosidade e conduzindo o que chamo de "conversas de curiosidade" — conversas com estranhos interessantes que uso para aprender sobre alguém ou algo novo —, decidi escrever meu primeiro livro, *Uma mente curiosa: o segredo para uma vida brilhante*. Nesse livro, exploro as alegrias da curiosidade e seu poder de transformar vidas. Então, comecei a pensar em como essas conversas de curiosidade realmente funcionam — no que as torna tão impactantes. Rapidamente entendi que era a habilidade de interagir com as pessoas — olhá-las nos olhos e demonstrar a elas que eu queria, de fato, escutá-las e aprender com elas. Descobrir como se conectar com as pessoas provavelmente foi a habilidade mais importante que aprendi na vida, e eu a uso todos os dias: em negociações, em *sets* de gravação, com amigos e, especialmente, em situações novas. A conexão humana é meu antídoto para viver uma vida que teria sido mais bem definida por minha dificuldade de aprendizado. Em vez disso, encontrei essas habilidades e elas preencheram minha vida.

O que sei sobre interação vem de minhas experiências e meus instintos. Há pesquisas comprovadas, entretanto, que atestam minha experiência pessoal. Um pesquisador de Harvard, Dr. Robert Waldinger, por exemplo, descobriu que "pessoas que interagem mais com a família, os amigos e a comunidade são mais felizes, mais saudáveis e vivem mais do que pessoas que não são tão bem-conectadas". Outros estudos mostram que ter bons relacionamentos protege nosso cérebro, ajudando nossa memória a se manter afiada por mais tempo. Essas sugestões de se manter conectado deveriam ser tão importantes quanto os conselhos para se exercitar ou ter uma boa alimentação, quando se trata de cuidar de nossa saúde.[1]

Quando leio esses tipos de estudos e penso na forte influência que a habilidade de interagir tem causado em mim, não deixo de me preocupar. Hoje em dia, parece que estamos perdendo esse ingrediente-chave para nossa saúde, nossa felicidade e nosso sucesso. Tudo é voltado para fazer, seguir em frente e

INTRODUÇÃO

continuar em movimento. Não reservamos tempo para parar e realmente enxergar as pessoas que estão à nossa volta; não somos pacientes o suficiente para parar e, gradualmente, construir relacionamentos significativos. Em vez disso, o impulso da modernidade é para uma comunicação rápida e transacional. Isso acontece principalmente no mundo dos negócios, em que as pessoas estão mais interessadas em "se dar bem" e "fazer acontecer" do que em se conhecerem — saber o que motiva o outro, com que se importam. Quando, na verdade, conhecer um ao outro é quase sempre o caminho mais efetivo para conseguir com que as coisas sejam cumpridas, em curto e em longo prazo.

A tecnologia somente agrava o problema. Pense em quantas vezes você viu casais jantando em restaurantes, navegando pelo *feed* de seu Instagram, ambos imersos em seus celulares em vez de um no outro. Ou pais deslizando os dedos pela tela de seus celulares enquanto as crianças demandam sua atenção. Ou, ainda, uma sala cheia de executivos olhando seus e-mails em vez de prestarem atenção à pessoa que está discursando. A cada dia, parece que nos afastamos um passo a mais da prática vital de interagir com as pessoas que estão bem na nossa frente. Sou o primeiro a agradecer aos benefícios de ter um computador móvel em mãos e, sim, sou conhecido por postar vídeos de cafés da manhã em meu jardim. Porém, quanto mais distraídos estamos com dispositivos e quanto mais a rede social monopoliza nossa atenção, mais parecemos estar sacrificando conexões reais em detrimento de virtuais, e os benefícios dessas relações mediadas simplesmente não são os mesmos.

Apesar do fato de estarmos mais "conectados" do que nunca, o isolamento e a solidão estão, cada vez mais, originando problemas sérios para muitos de nós. Em um estudo realizado com norte-americanos entre 19 e 32 anos, concluiu-se que 25% dos principais usuários de mídias sociais tinham *duas vezes mais* probabilidade de se sentirem sozinhos do que as pessoas que as usam menos. É claro que a solidão já existia muito antes da internet e da rede social, mas parece que alcançamos um novo nível de alienação. Quase metade de todos os norte-americanos, hoje, diz se sentir solitária[2] e, no Reino Unido, o problema foi grave o bastante para justificar a nomeação do primeiro-ministro "da Solidão".[3] Eu me atrevo a dizer que as pessoas, hoje, estão famintas de relacionamentos genuínos, de senso de pertencimento e do sentimento de ser reconhecido e entendido.

O motivo principal de estarmos nos tornando tão ruins em fazer conexões é porque estamos perdendo a habilidade, a oportunidade e o desejo de olhar as pessoas nos olhos. Quanto mais damos atenção aos nossos dispositivos em vez de darmos às pessoas à nossa frente, quanto mais mandamos mensagens de texto, e-mails e usamos a rede social em vez de encontrar as pessoas e de conversar com elas frente a frente, mais confortáveis ficamos ao olhar para baixo, para nossas telas, em vez de olhar para cima e uns para os outros. E a perda é imensa! Pesquisas recentes mostram que bebês que não têm contato visual suficiente têm mais riscos de distúrbios neurais e cerebrais e, ainda, que crianças e adultos que não recebem contato visual tendem a ter mais problemas psicológicos.[4] Mas não preciso desses estudos para me dizer o que eu já sabia. Tudo que preciso fazer é pensar em quanto perdi no ensino fundamental, quando passei todo o tempo tentando *não* olhar para minha professora.

Nós, é claro, usamos muitas ferramentas durante o contato frente a frente que nos ajudam a nos comunicar de forma mais clara e a "guiar" nossos relacionamentos. Para mim, no entanto, o contato visual é, de longe, a ferramenta mais crítica. É como a rede wi-fi da conexão humana. Assim como a rede wi-fi nos

INTRODUÇÃO

conecta a informações sem limite na internet, fazer contato visual traz possibilidades infinitas. Um olhar é suficiente para capturar a atenção de alguém, cativar, conquistar e criar uma ponte para uma real conexão. Além de me tornar mais focado e um melhor ouvinte, ser capaz de olhar alguém nos olhos me deixou mais atento e autoconsciente. Isso me deu poder interno e confiança. E isso atrai as pessoas.

Ninguém quer se abrir para alguém que está olhando para tudo e todos na sala. Ninguém quer continuar compartilhando algo com alguém que está distraído em seu telefone celular. Olhar as pessoas nos olhos com interesse genuíno lhes dá sinal de que você está presente. Esse é o ponto de partida para o respeito e a aprovação. Sinaliza que elas são importantes. É o ponto de partida para tudo o que é essencial em um relacionamento significativo — curiosidade, confiança, intimidade, empatia e vulnerabilidade. Quando olhamos as pessoas nos olhos, realmente olhamos para elas, estamos lhes dizendo: "Eu entendo você." Estamos reconhecendo as características que as tornam humanas. E elas, por sua vez, têm chance de reconhecer as nossas.

Apesar de soar como se fosse relevante somente para relacionamentos pessoais, posso dizer em primeira mão que faz toda a diferença em *todos* os tipos de relacionamentos. Na verdade, sua habilidade de fazer contato visual pode ser o fator determinante para conseguir ou não um emprego, conquistar a confiança de seus parceiros, ou obter aprovação em um projeto em que você está engajado. Pode transformar ou acabar com sua carreira. Sim, uma coisa tão pequena como olhar as pessoas nos olhos tem todo esse poder. Afinal de contas, não interessa se estamos ou não na empresa ou em outro ambiente profissional, ainda somos humanos.

FRENTE A FRENTE

Em um mundo em que nossa atenção está frequentemente voltada para baixo ou para outro lugar qualquer, o simples fato de levantarmos os olhos para fitar outros pode ser algo transformador. Hoje, tanto nos negócios quanto na vida social, fico surpreso e surpreendido quando alguém faz um bom contato visual. Quando uma pessoa olha calmamente para dentro de mim e está genuinamente interessada em minha existência, isso faz com que eu me sinta único e real. E eu me lembro delas por isso. Nesse caótico mundo de grande percentual de negócios e distração, o contato visual parece ser o melhor diferencial.

Tente fazer esse experimento rápido e você começará a entender o que quero dizer. Por um dia, deixe seu telefone de lado — fora de sua vista — em todas as reuniões, refeições e durante qualquer conversa. Olhe nos olhos de cada pessoa com quem você interage. Enquanto mantém contato visual, foque o que elas estão dizendo. Esteja presente e escute. Note como sua interação muda. Perceba como você se sente ao fazer isso. E veja como isso as faz se sentirem mais respeitadas, ouvidas, compreendidas e valiosas. Muito provavelmente, essa troca será recíproca.

Uma das melhores coisas sobre o contato visual é que ele é completamente democrático. A habilidade de olhar alguém nos olhos não requer dinheiro, ou algum equipamento especial, ou fazer parte de algum clube de elite. Não diz respeito a quem você conhece ou o que você faz. Com um pouco de propósito, coragem e prática, qualquer um pode fazer. Isso não significa que é algo fácil. Foi só quando eu tinha 20 e poucos anos que (quase) consegui olhar as pessoas nos olhos regularmente e me sentir calmo e confortável. No entanto, fico muito feliz por ter deixado o constrangimento de lado para chegar lá, porque fez toda a diferença. Esse simples comportamento — essa atitude

INTRODUÇÃO

de olhar as pessoas nos olhos — mudou tudo a respeito de como eu me posicionei perante o mundo, como me preenchi e como devolvi ao universo.

Como seres humanos, todos buscamos, profunda e expressivamente, conexões genuínas com outros seres humanos. Isso significa estar vivo. Eu vejo todas as interações em minha vida, até mesmo, e principalmente, as menores — seja com a pessoa que está parada ao meu lado na fila do café, seja com alguém em um parque, enquanto tento desvencilhar seu cachorro do meu —, como um convite para me conectar. Este é um livro repleto de histórias sobre como essas conexões têm transformado minha vida. Sem exceção, todas as histórias que escrevi têm algo em comum: não importa onde eu estava ou com quem, todas as conexões foram feitas possivelmente por uma interação frente a frente e um olhar nos olhos do outro. Escolher "ver" o outro é uma decisão simples e de uma fração de segundos que fazemos múltiplas vezes todos os dias. Espero que ler sobre minhas experiências pessoais inspire você a priorizar encontros frente a frente em sua vida e o encoraje a começar a olhar para cima e a verdadeiramente *conhecer* o outro. Faça essa escolha e veja como sua vida começará a se transformar profundamente.

CAPÍTULO 1

Você Me Conhece?

*"Todos lutamos por autenticidade,
por uma conexão entre almas."*

— Oprah

Nos meus 20 e poucos anos, comecei a trabalhar na Warner Brothers como estagiário. A maior parte do meu trabalho consistia em entregar documentos a pessoas importantes por toda a cidade. Ou seja, era muito trabalho! Eu, no entanto, tinha uma mente ativa e uma tendência a ser criativo, e não demorou muito para eu descobrir como transformar meu trabalho chato em uma fascinante oportunidade. Eu já tinha percebido na faculdade que eu aprendia mais quando interagia com as pessoas. Então pensei, por que não tentar essa aproximação na "vida real" e usar isso para me ajudar a arranjar uma profissão?

Eu estava em Hollywood agora! "Como esse mundo funciona? Será que eu conseguiria permanecer lá? O que faria? Como trilharia um caminho?" Eu tinha inúmeros questionamentos. Encontrar as respostas acabou sendo mais fácil do que você imagina. Como estagiário, passei meus dias indo de escritório em escritório de empresários famosos e poderosos. Tudo que eu tinha que fazer era falar para suas assistentes que os papéis que eu estava entregando eram urgentes e não teriam validade a menos que eu os entregasse diretamente a seus chefes. Assim, conseguia uma brecha. Antes do esperado, eu estava conversando com escritores, diretores, produtores, chefes de estúdio, agentes, você sabe — qualquer um que pudesse me ajudar a entender melhor os mistérios da indústria do cinema.

Estabeleci esta meta para mim: todos os dias eu tinha que conhecer uma pessoa nova do ramo. Funcionou tão bem e aprendi tanto que decidi estender meu objetivo. Adicionei uma segunda meta: conhecer pelo menos uma pessoa a cada duas semanas *fora* de Hollywood. Novamente, as experiências foram melhores do que eu podia imaginar. Não estava somente obtendo informações, também estava fazendo trocas significativas que me deixaram inspirado, empolgado e curioso para saber ainda mais.

Apesar de, no fim, ter deixado de lado alguns objetivos específicos para conhecer pessoas, nunca deixei de ter o que agora denomino "conversas de curiosidade". Nos últimos quarenta anos, tenho acompanhado as pessoas por quem me interesso, perguntando se posso me sentar com elas por uma hora. Por vezes, isso resulta em reuniões com um grande número de pessoas por semana. Não tenho outro motivo senão aprender com elas, o que ampliará minha visão de mundo e mudará minha concepção deste. Para mim, também é importante que meu interlocutor se beneficie dessa conversa; então tento fazer perguntas reflexivas, que podem gerar *insights* para ele também. Além disso, certifico-me de levar um presente ou algum conhecimento que eles poderão achar útil ou interessante. Quando me encontrei com George W. Bush, eu lhe dei um boné de beisebol com a logo do meu programa *Friday Night Lights*, que foi gravado no Texas. Quando me encontrei com Dr. Dre, preparei-me para lhe contar sobre a música-tema de *Exodus*, pensando que ele apreciaria porque as músicas dele têm belas e espetaculares melodias.

VOCÊ ME CONHECE?

Hoje, como produtor de cinema e televisão, procuro conhecer pessoas que são especialistas em qualquer *outra* coisa além do que faço, esperando entender o que os move e os inspira. Adoro saber o que faz o coração de pessoas de todos os tipos de origem bater forte — desde espiões e prêmios Nobel até atletas e empresários do ramo de tecnologia. Fiquei honrado em me encontrar com gigantes do meio artístico, como Andy Warhol, Catherine Opie, Jeff Koons e Mark Bradford (que generosamente criou a arte-final *Frente a Frente* para este livro), assim como chefes de estado, incluindo Barack Obama, Ronald Reagan, Margaret Thatcher, Abdullah II Ibn Al Hussein, rei da Jordânia, Mohammad bin Salman e Benjamin Netanyahu. Entendi o cérebro do investidor icônico Warren Buffett, da criadora da Spanx, Sara Blakely, do renomado escritor de ficção científica Isaac Asimov e tantos outros. Há alguns anos, reuni os melhores trechos dessas conversas em meu livro, *Uma mente curiosa*. Desde então, tenho apreciado incontáveis outras conversas com estranhos interessantes e talentosos, alguns dos quais hoje chamo de amigos. Vou compartilhar rapidamente algumas delas aqui.

Há pouco tempo, tive uma conversa em minha sala de estar com a cantora de rap e ativista Sonita Alizadeh. Aos 17 anos, Sonita escreveu e gravou um rap se manifestando contra os casamentos forçados após descobrir que sua família pretendia vendê-la como noiva-criança por 9 mil dólares. A música viralizou e ela se tornou uma heroína para muitas meninas que enfrentam essa sufocante sentença de vida. Com letras como "Eu grito para compensar a vida inteira de silêncio de uma mulher", a música se tornou um hino em seu país de origem, o Afeganistão.[5] Com cabelos longos e negros e olhos grandes e radiantes, ela irradia confiança e tranquilidade, considerando tudo o que passou em sua vida. Quando criança, Sonita e sua família fugiram do Afeganistão para escapar da regra opressora do Talibã. Em troca disso, teve que esfregar chãos de banheiro para sustentar a ela e sua família, enquanto também aprendia sozinha a ler e a escrever. Escutando à rádio enquanto fazia a limpeza, ela se apaixonou pela música do rapper iraniano Yas e de Eminem. No rap, encontrou uma saída para a autoexpressão e começou a escrever as próprias músicas sobre trabalho infantil. Assombrada pelas lembranças das inúmeras amigas do Afeganistão que tinham desaparecido da sala de aula, uma por uma, para serem vendidas como noivas-crianças, ela não conseguiu mais se manter em silêncio. Sabendo que era ilegal para as mulheres cantar ou fazer rap no Irã, e incrivelmente perigoso falar abertamente, ela escondeu suas letras em sua mochila. Quando ouviu falar de um concurso, nos Estados Unidos, sobre escrever uma música para o povo afegão conquistar o direito de votar, Sonita inscreveu sua canção e ganhou o prêmio de mil dólares. Ela enviou o dinheiro para sua mãe, que tinha voltado para o Afeganistão.

Pouco depois, Sonita escreveu um rap denominado *Brides for Sale* [Noivas à Venda, em tradução livre], para dar voz a todas as crianças que enfrentam o casamento forçado. Ela mostrou o vídeo enquanto me contava, ainda com voz séria e tranquila, que tinha apenas dez anos quando sua mãe considerou, pela primeira vez, vendê-la a um homem.

No vídeo, Sonita se posiciona contra essa prática usando um vestido de noiva branco, o corpo coberto por pinturas de hematomas e um código de barras em sua testa. Ela encara a câmera, implorando para não ser vendida. O vídeo se tornou viral, com mais de um milhão de visualizações até o momento e rendeu a ela uma bolsa de estudos completa em uma escola de música em Utah.

VOCÊ ME CONHECE?

Com olhos intensos e compadecidos, Sonita me contou que não se ressentiu com sua mãe por tentar vendê-la; ela entende que essa é a maneira como a geração mais velha foi criada. Em vez de se prender ao passado, Sonita está olhando adiante, tentando mudar a tradição e a cultura de um povo por meio da educação da comunidade. Apesar de haver muito sofrimento no mundo, ela disse, também há muita esperança quando você se posiciona e luta pela mudança que você quer ver no mundo. A postura e a inteligência emocional de Sonita realmente me surpreenderam. Ela ainda estava no ensino médio e falava com a sabedoria de alguém muito mais velho do que ela. No momento em que me sentei no sofá ao seu lado e escutei sua história, senti que ela tinha muito conhecimento sobre o que estava falando.

Depois que terminamos nossa conversa, seguimos para a sala de jantar para fazer uma refeição. Ela passou a noite em nossa casa, então Veronica e eu pensamos que seria agradável passar um tempo em família e conhecê-la melhor. Após a sobremesa, Sonita levantou da mesa para jogar futebol no jardim com meu filho Patrick, como qualquer adolescente. O tempo que passamos juntos me abriu os olhos para uma antiga tradição que submete milhões de garotas a uma devastadora vida de violência e servidão. Iniciei aquela conversa sem ter ideia da experiência de vida de uma menina no Afeganistão ou no Irã, e ela me proporcionou uma visão privilegiada não somente dos elementos reais sobre como é essa vida — espera-se que se submetam a uma vida toda de estupro e trabalho forçado —, mas, mais importante do que isso, sobre o que é viver com medo e ter a coragem de emergir da opressão. Ela me proporcionou um novo entendimento sobre benevolência humana, resiliência e, principalmente, esperança.

FRENTE A FRENTE

Outra conversa memorável que tive foi com o jornalista vencedor de prêmios e especialista em "fluxo", Steven Kotler. Foi inspirada em minhas experiências de estado de fluxo ao longo dos anos.

Eu estava no início das filmagens de *A onda dos sonhos* na região de North Shore do Havaí. Absorvendo essa cultura do surfe bem de perto, através dos olhos dos moradores locais, acabei achando esse esporte sedutor. Era entusiasmante assistir e alucinante imaginar que as ondas inacreditavelmente intensas dessa região eram criação da natureza. Eu assistia à corrida ansiosa e sem medo de surfistas entrando em ondas de 6 a 10 metros e saindo empolgados. Eu queria experienciar isso, mas nunca tinha tentado surfar antes. Foi então que, aos 40 anos, decidi aprender. Fiz amizade com um local chamado Brock, que tinha surfado a maior onda do mundo sem remos. Ele era firme e legal sem ser pretensioso, conhecido por não ter medo de surfar, lutar, fazer enduro ou qualquer coisa que praticava. Nós imediatamente nos identificamos. Ele era um professor nato — sabia tudo sobre surfe e como se manter seguro dentro da água — e eu nasci para aprender. Começamos o trabalho.

Ele me ensinou as coisas mais básicas, como ficar em pé na prancha e, também, sobre a física do oceano, para que eu pudesse surfar a onda perfeita. Como meu instrutor e amigo ao longo dos anos, Brock salvou minha vida muitas vezes quando estávamos na água. Eu excedia meus limites com frequência porque me sentia seguro na companhia dele.

À medida que melhorei no surfe, comecei a experimentar o estado de fluxo. É mais fácil entender o estado de fluxo no surfe quando você pensa nos surfistas de ondas grandes como Brock, Laird Hamilton, Keala Kennelly e Makua Rothman... pense em qualquer um deles observando as ondas e esperando para entrar em uma onda imponente de 10 metros, com força suficiente para destruir um edifício, e, então, sendo capazes de subir em suas pranchas com precisão de milissegundos, em que tudo tem que ser intuído em um estado de fluxo, a fim de que consigam sobreviver à onda. É literalmente impossível medir todas as variáveis naquele exato momento. Você tem que estar em um estado de fluxo para não morrer.

Quando peguei uma boa onda, fiquei completamente imerso naquele momento assim que fiquei em pé na prancha, muito consciente, porém não me preocupando mais em como me equilibrar ou onde posicionar os pés. Foi como viver um momento de euforia em câmera lenta, completamente diferente de tudo que eu já tinha experimentado. Aqueles rápidos 15 segundos foram tão empolgantes e eufóricos que eu voaria até a Indonésia ou o Havaí para experienciar aquilo quantas vezes eu quisesse. Fiquei cada vez mais curioso: "Será que eu poderia transferir os componentes e o formato do estado de fluxo para outros esforços, como jogar tênis ou para conversas individuais de curiosidade, aquelas em que não vemos o tempo passar de tão boas que são?" Como eu não tinha as respostas, procurei Steven.

Nós fomos jantar no restaurante do Giorgio Baldi, um íntimo restaurante italiano em Santa Mônica, na Pacific Coast Highway. Steven entrou e eu imediatamente gostei dele. Ele emitiu uma energia nova, quase vibrante. Ele se sentou e nós pedimos uma garrafa de vinho tinto. A conversa fluiu com facilidade. Steven estava muito atento, tanto que quase não piscou enquanto conversamos. Ele definiu o fluxo como momentos de total concentração, quando estamos completamente energizados, focados e imersos no processo da atividade, alcançando o desempenho máximo. Nesses momentos, tudo em volta, incluindo o espaço e o tempo, parece desaparecer. Ele estava descrevendo exatamente aqueles raros momentos que senti ao surfar e, mais recentemente, na quadra de tênis.

Steven continuou explicando que a "zona" ou o "estado" de fluxo é um dos estados de consciência mais desejados na Terra. Também é um dos mais indefiníveis. Investigadores passaram séculos tentando reproduzir a experiência de modo consistente e confiável, mas poucos foram bem-sucedidos. Uma exceção são os atletas de ação e aventura, como surfistas, esquiadores e montanhistas, que enfrentam obstáculos terríveis regularmente — desde imponentes paredões de rocha até ondas que desafiam a gravidade. Eu estava curioso: "O que esses atletas sabem que eu não sei? Qual é seu 'jogo interior'?" Steven me contou que, durante o estado de fluxo, o cérebro produz uma série de reações químicas que melhoram o desempenho, como adrenalina e dopamina, que aumentam o foco e diminuem a relação sinal-ruído.[6]

Depois que terminamos a entrada, Steven contou que o motivo pelo qual começou a pesquisar a respeito do fluxo era porque ele havia travado uma batalha contra a doença de Lyme. Durante três anos, a doença o incapacitou completamente, deixando-o acamado e com dor. A doença também estava deixando-o extremamente paranoico. Ele sentiu que estava começando a ter alucinações. Sua memória de curto e de longo prazo tinha sumido, e ele não conseguia ler, escrever ou mesmo reconhecer a cor verde. Ele disse que é apavorante, que não há nada pior do que se ver ficando louco. Ele tinha 30 anos e pensou em se suicidar.

Um dia, um amigo estimulou Steven a surfar, na esperança de que isso o animaria. O exercício o deixou tão cansado fisicamente que ele mal conseguiu levantar da cama nas duas

VOCÊ ME CONHECE?

semanas seguintes. Mas, assim que se recuperou, Steven foi novamente. E mais uma vez. Cada vez que surfava, entrava em um estado alterado de consciência. Ele explicou que o estado de fluxo expulsou todos os hormônios do estresse de seu sistema e turbinou seu corpo com aperfeiçoadores de desempenho. Isso resetou seu sistema nervoso e, no final das contas, ajudou-o a curar sua doença de Lyme.[7] Fiquei paralisado.

Após aquela noite no restaurante do Giorgio, passei algumas semanas assistindo a vídeos do YouTube, em meus inícios de manhã, lendo artigos, entrevistas e qualquer coisa interessante que eu encontrasse sobre fluxo. Isso me levou a pensar a respeito do conceito geral de estados de mente alterados, e comecei a ler o livro de Michael Pollan, *Como Mudar Sua Mente*, sobre o efeito dos psicodélicos em nossa consciência. Nunca experimentei drogas, mesmo assim sou curioso sobre o que ele tem a dizer a respeito de como elas podem afetar positivamente nosso bem-estar. Não é incomum que as conversas de curiosidade me levem a esses tipos de viagens de exploração, sendo que cada encontro desperta meu apetite em aprender mais. — Sim, estou entrando em contato com Pollan para ver se ele me encontrará para uma conversa!

Toda conversa de curiosidade é diferente. Sempre me preparo para elas da melhor forma que posso, mas o que tenho percebido é que a chave para uma interação gratificante depende de muito mais coisas do que simplesmente aparecer com uma lista de perguntas. Na verdade, embora seja importante estar preparado, é mais importante ainda demonstrar capacidade para incredulidade e transparência, com uma mente incipiente, de verdade. Chegar a essas reuniões sem ter um objetivo em mente é o que as torna *conversas* em vez de entrevistas rígidas

FRENTE A FRENTE

e guiadas. Quando você inicia uma conversa com alguém, você *precisa* prestar atenção ao que a pessoa está dizendo se quer que essa troca chegue a algum lugar. E a atenção começa com os olhos.

O hábito básico de olhar outras pessoas nos olhos é o ponto de partida do *porquê* minhas conversas de curiosidade funcionam e por que elas são tão empolgantes. Se a curiosidade é o motor que me faz entrar em um ambiente com outra pessoa e que move toda a conversa, o contato visual é o ponto de ignição. É o primeiro passo para realmente conhecer alguém e criar uma conexão verdadeira.

Em uma conversa de curiosidade, olhar para a pessoa com tranquilidade, com o olhar interessado e centrado me ajuda a focar, a escutar, a elaborar perguntas e a levar adiante a discussão. Também passa uma mensagem que é crítica para o sucesso da conversa. Diz "estou presente". Quando você demonstra a uma pessoa, com os olhos, que está prestando atenção nela, você também comunica que está sinceramente interessado em conhecê-la. Você está despendendo tempo e energia para se concentrar nela porque ela é importante para você: seu conhecimento, pensamentos, *insights* e experiências têm valor. Não há uma pessoa na Terra, independentemente de seu meio, status ou paixões, que não anseie por esse tipo de validação, ela admitindo ou não. Em minha experiência, quando você é capaz de dar isso a alguém, as pessoas se dispõem mais a falar aberta e honestamente sobre quem elas são e por que fazem o que fazem. E, geralmente, elas vão querer saber de você também.

Todos ouvimos que o amor não é uma via de mão única, o que é uma verdade incontestável. Na realidade, nenhuma conexão é, mesmo entre dois estranhos. Pense em suas experiências no trabalho ou em casa. Se sua filha chega em casa e você lhe conta como foi seu dia sem perguntar como foi o dela, é provável que esse momento fracasse. O mesmo acontece quando você está falando com uma pessoa que quer lhe contar sobre a vida inteira dela, mas que não demostra nenhum interesse na sua.

Uma interação unidirecional nunca funciona. Tem que ser mutuamente gratificante. As melhores conversas de curiosidade são aquelas em que ambas as pessoas estão engajadas, contribuindo e aprendendo uma com a outra. Somos absorvidos pelos olhos um do outro, escutando, identificando-se e, às vezes, até procurando por um ponto de vulnerabilidade e confiança. Há o dar e o receber, o que cria a intimidade.[8] Quando isso acontece, não há (quase) nada que se compare. Com frequência me pego refletindo: "Nossa, é como estar no melhor encontro da vida!" Quando sinto a química de uma real conexão, não quero que ela termine.

Embora o contato visual sempre tenha sido a chave para minhas conversas de curiosidade, no começo, eu nem sempre pratiquei isso de forma consciente, ou mesmo estava ciente de que fazia isso. Não era algo sobre o qual eu pensava e, certamente, não era uma técnica de aproximação que adotei quando encontrava com pessoas no dia a dia. Isso nunca nem passou pela minha cabeça. Até Ron Howard me convidar para sair.

Quando meus dias de entregador na Warner Brothers acabaram, fui trabalhar para um vice-presidente de televisão de temperamento quente chamado Edgar Scherick. Scherick me fez uma oferta irrecusável: "Qualquer coisa que você pode vender, você pode fazer." Então, eu vendi um filme para televisão. Deu muito certo e levou a outros projetos que foram bem recebidos, incluindo uma série de prestígio sobre os Dez Mandamentos. Aproveitei o sucesso da série para fechar um contrato de exclusividade com a Paramount. Foi onde conheci Ron. Ron era ator, mas queria dirigir filmes, enquanto eu queria produzi-los. Foi aí que nossa parceria começou. Juntos, fundamos a Imagine Entertainment, nos tornamos sócios 35 anos atrás e seguimos até os dias de hoje.

Mesmo nos nossos 20 e poucos anos, Ron sempre teve habilidades incríveis de comunicação. Um dia, gentilmente, ele me fez uma observação.

"Você percebe que raramente olha as pessoas nos olhos quando estamos em uma reunião?", perguntou-me Ron.

Era 1980 e estávamos sentados em meu escritório no mesmo lote da Paramount em que tínhamos nos conhecido. Nós havíamos acabado de ter uma conversa com os escritores Lowell Ganz e Babaloo Mandel, que, mais tarde, viriam a escrever *Corretores do amor*, *Splash* e outros filmes conosco. Eu estava realizando diversas tarefas ao mesmo tempo, como era acostumado a fazer em reuniões naquela época. Eu lia algo ou fazia uma lista dos compromissos daquela semana enquanto os outros falavam. Eu não pensava direito sobre isso. Simplesmente fazia.

Em 2019, já sei que não é legal realizar outras tarefas ao mesmo tempo em que as pessoas estão tentando falar com você. Não é apenas desrespeitoso, mas também estraga completamente o clima. Na época, contudo, não captei de imediato o que Ron estava tentando me dizer.

"O que você quer dizer?", respondi.

"Você estava mesmo escutando o que Lowell e Babaloo estavam falando?"

VOCÊ ME CONHECE?

"É claro", falei. "Escutei cada palavra."

"Talvez", falou Ron, "mas você não estava *olhando* para eles. Se você não olhar para eles enquanto estão falando, isso pode chateá-los".

"Mas eu escutei tudo", disse novamente.

"Não importa. Se você não olha as pessoas nos olhos enquanto falam, elas não se sentirão respeitadas."

Isso me atingiu. Lembrei claramente de estar do outro lado, recebendo esse tipo de tratamento. No início de minha carreira, conheci um dos agentes mais poderosos de Hollywood. Ele nunca me olhava nos olhos; em vez disso, olhava através de mim ou atrás de mim todas as vezes em que o vi ou tentei falar com ele. Isso me fez sentir um nada porque parecia que ele não ligava nem um pouco para o que eu tinha a dizer. Todos já passamos por essa experiência, de conhecer alguém em uma festa que fica olhando por cima de nossos ombros enquanto fala conosco. Nunca é legal. Mas até Ron me chamar a atenção, não percebi que eu mesmo poderia estar fazendo isso algumas vezes! Não pude deixar de me perguntar se minhas ações estavam fazendo as pessoas se sentirem da mesma forma como me senti com aquele agente.

A influência dessa dica de Ron pode ser percebida em *Corretores do amor*, o primeiro filme que fizemos juntos. O herói desse filme é Bill Blazejowski, interpretado por Michael Keaton. Bill é um jovem que, depois de ser demitido de vários empregos, tem a ideia de operar uma rede de prostituição enquanto trabalha no turno da noite em um necrotério da cidade de Nova York. Embora esse não fosse o tipo de empreendimento que eu teria me comprometido a desenvolver, a história de Bill foi inspirada em meus esforços iniciais para manter um emprego. Com base

FRENTE A FRENTE

nos conselhos de Ron, decidi dar a Bill uma característica exagerada — uma grande incapacidade de manter contato visual. Todas as vezes que uma nova ideia ou um pensamento passava em sua cabeça, Bill começava a mexer os olhos sem parar. Ficava claro que sua mente estava em outro lugar, e não focada na pessoa que estava com ele no momento. Ele era um vigarista que ainda não sabia que o contato visual significava respeito. Era uma característica estranha para um personagem de comédia, mas, para mim, era um lembrete simpático para corrigir meu próprio comportamento.

O comentário de Ron também teve um impacto direto em minhas interações com outras pessoas. A partir do momento em que ele me alertou sobre minha falta de contato visual, resolvi sempre olhar para as pessoas durante as reuniões. No momento em que mudei esse comportamento, algo mágico começou a acontecer. As conversas não pareciam mais uma simples transação. Senti que entrava mais em sintonia com as pessoas do que no passado. Eu me tornei capaz de captar *insights* que não teria percebido se estivesse com o olhar distante, como quanto as pessoas acreditavam — ou não — em um projeto. Elas percebiam que eu estava prestando atenção nelas e se sentiam respeitadas. Com isso, tinham mais respeito por mim e um maior e sincero interesse no que eu tinha para falar. Havia um novo senso de reciprocidade.

Se isso soa familiar, é porque é mesmo. E a mesma coisa acontece durante minhas conversas de curiosidade. Eu inicio essas conversas com naturalidade, ansioso para aprender sobre a outra pessoa e com ela. Essa ansiedade transparece em meu semblante, e as portas para a conexão se abrem por meio dela. Não tinha me ocorrido pensar sobre todos meus encontros frente a frente dessa forma. Agora, é claro, parece simples.

VOCÊ ME CONHECE?

Todos querem se sentir vistos, ouvidos, respeitados e valiosos — não somente as pessoas que convido para se sentarem comigo para uma conversa de curiosidade. E a verdade é que todas as pessoas têm potencial para nos ensinar algo novo ou nos mostrar uma nova forma de olhar o mundo. Tudo que temos que fazer para desbloquear esse potencial é conhecê-las através de nossos olhos e convidá-las para interagir.

CAPÍTULO 2

Dê Uma Chance para a Conexão

"Ficar vulnerável é um risco que temos que correr se queremos experienciar a conexão."

— Brené Brown, *A Arte da Imperfeição*

Oprah Winfrey é, sem dúvida, a comunicadora mais talentosa do mundo. Seus olhos cheios de empatia em combinação com sua perceptível cordialidade servem para desarmar até o mais retraído dos entrevistados, que inevitavelmente se abre e compartilha seus sentimentos mais secretos e suas histórias de vida com ela. É um fenômeno que eu mesmo já experienciei.

Como descrevi em *Uma mente curiosa,* conheci Oprah pela primeira vez em um momento de minha vida em que eu estava para baixo. Nós tínhamos combinado de nos encontrar para um café da manhã no Hotel Bel-Air, onde ela estava hospedada. Oprah estava com sua amiga de longa data, Gayle King, um grande talento como jornalista e âncora de televisão. Naquela época de minha vida, eu estava em meio a uma crise romântica. Normalmente, levava um pouco de tempo para eu me abrir, mas, de alguma forma, confiei em Oprah logo de cara. Senti que já a *conhecia*. De repente, vi-me abrindo meu coração para ela, revelando sentimentos que nunca tinha compartilhado com mais ninguém. Havia algo a respeito da qualidade da atenção de Oprah, no modo como ela se inclinou e prendeu meu olhar que me fez sentir como se ela me entendesse e se importasse comigo. Ela não só reproduziu o que eu disse, como também teve o dom de me ajudar a sintetizar e a clarear meus pensamentos e sentimentos. Ela dizia coisas como: "Então, em outras palavras, parece que você deve acreditar *nisso* com base em como você estava se sentindo a respeito *daquilo*..." Oprah me ajudou a *me* entender melhor. Interagir com ela foi uma experiência inacreditavelmente poderosa que nunca esqueci.

Anos depois, quando Oprah me convidou para participar de seu programa *SuperSoul Sunday*, para falar sobre meu livro, algo similar aconteceu. Eu estava acostumado a falar com a imprensa sobre os filmes e os programas de televisão que eu tinha produzido, mas o tour publicitário para o livro era muito mais pessoal. Falar sobre ele fazia eu me sentir vulnerável e inquieto, porque se tratava de minhas experiências pessoais. Agora eu estava sendo requisitado para ser o único foco em um programa de uma hora de duração sobre mergulhar fundo na própria alma. A caminho da casa de Oprah, em Montecito, onde as entrevistas para o programa geralmente acontecem, fui tomado por uma onda de ansiedade.

Quando cheguei a meu destino, o portão se abriu e nós estacionamos na ampla entrada da casa. Assim que vi Oprah, vestida com uma camisa verde fosforescente, atravessando o gramado em minha direção, meu nervosismo simplesmente desapareceu. Imediatamente me senti confortável e seguro. Consegui respirar. E esse sentimento não veio de nada do que ela disse. Veio do modo como seu rosto se iluminou quando nossos olhos se encontraram e se saudaram. Eu me senti compreendido.

DÊ UMA CHANCE PARA A CONEXÃO

Em seu discurso de abertura na Universidade de Harvard, em 2013, Oprah descreveu suas observações sobre os seres humanos desta forma:

"Já realizei mais de 35 mil entrevistas em minha carreira e, assim que as câmeras são desligadas, todos sempre se viram para mim e, inevitavelmente, cada um a seu modo, perguntam: 'Ficou bom?' Ouvi isso do presidente Bush. Ouvi isso do presidente Obama. Ouvi isso de heróis e donas de casa. Ouvi isso de vítimas e de autores de crimes. Ouvi isso até da Beyoncé, com todo seu jeito Beyoncé de ser... Todos querem saber apenas uma coisa: Ficou bom?"[9]

Lá no fundo, todos temos dúvidas e inseguranças. Usamos os olhos das outras pessoas como medida para analisar se podemos confiar nelas. Quando encontramos abertura e atenção, temos mais disposição em nos permitir ficar vulneráveis e compartilhar. Quando nos sentimos ouvidos, também nos sentimos compreendidos e aprovados. Quando nos sentimos compreendidos e aprovados, gostamos das pessoas. Quando gostamos das pessoas, confiamos nelas. E, quando confiamos nelas, ficamos mais inclinados a mostrar nossa essência e personalidade autênticas. Para formar laços profundos e significativos, que transcendem uma conversa superficial e previsível, temos que alcançar esse nível.

Grande parte do motivo pelo qual as pessoas se abrem quando estão frente a frente com Oprah é porque elas conseguem ver interesse e preocupação sinceros no modo como ela as olha. Oprah é incondicionalmente ela mesma, e ela faz os outros quererem ser eles mesmos na presença dela. Tenho uma tremenda admiração por Oprah nesse sentido e me esforço para me aproximar das pessoas com honestidade e autenticidade.

FRENTE A FRENTE

Acho que, se não estou me esforçando para ser o mais verdadeiro e natural possível quando estou frente a frente com uma pessoa, então não estou maximizando o momento nem para ela nem para mim. Se estou comedido e simplesmente explorando a superfície com ela, então posso nem estar lá. Se estou escondendo minha personalidade autêntica, tentando impressionar ou sendo algo que não sou, então estou negando a ambos a chance de uma conexão real e verdadeira.

Cruzar o olhar com o de outra pessoa pode ser embaraçoso, assustador e, até mesmo, constrangedor às vezes. Ser "verdadeiro" com outra pessoa também nem sempre é confortável — muitas vezes não é. Mas aprendi que, se queremos fazer conexões que realmente significam alguma coisa em nossas vidas, temos que nos tornar vulneráveis.

Antes da proliferação dos telefones celulares, quando eu chegava cedo para um evento ou ficava sozinho com estranhos (em um elevador, por exemplo), eu me sentia na obrigação de falar com eles, ou ao menos notar sua presença. Acho que todos nos sentíamos assim. Mas, nos dias de hoje, estamos mais acostumados a olhar para baixo, para nossos telefones, nos perdendo na barra de rolagem do *feed* da nossa rede social ou em nossa caixa de entrada sempre cheia, porque não sabemos direito como iniciar uma conversa, ou mesmo se, no fim das contas, a outra pessoa quer iniciar uma conversa conosco.

É preciso um pouco de coragem para dar uma chance para a conexão. Afinal de contas, nosso interesse, nossa atenção ou nosso olhar pode não ser retribuído. E porque nós, como seres humanos, somos todos inseguros de alguma forma, geralmente presumimos que somos a razão pela qual isso acontece. "É por causa da minha aparência? Talvez eu não seja interessante?

DÊ UMA CHANCE PARA A CONEXÃO

Ou importante o suficiente? Ou inteligente o suficiente?" Mas geralmente não é esse o caso.

Às vezes, as pessoas simplesmente não estão com vontade de interagir. Não é o momento ou a circunstância certos. Ou talvez precisemos trabalhar melhor nossa técnica. Pesquisas sugerem que o tempo ideal para manter o olhar fixo de uma pessoa, se você quer fazer uma conexão real com ela, é de sete a dez segundos — de três a cinco se estiverem em um grupo.[10] Muito mais do que isso pode desconectar a pessoa e começar a parecer estranho. Se a pessoa não está correspondendo, convém considerar: Passou o momento certo? Seu olhar se transformou em uma encarada? Você se posicionou próximo demais? Talvez sua energia pareceu forçada. Talvez você fez parecer que queria alguma coisa. Na próxima vez em que estiver em uma situação parecida, tente fazer algo diferente.

Outra possibilidade, é claro, é que sua tentativa de interagir não está funcionando porque a outra pessoa é desajeitada, tímida ou insegura. Talvez ela não esteja confortável em se sentir vulnerável por causa do ambiente em que cresceu ou de experiências ruins de seu passado. Talvez você nunca descubra por que ela hesita em aceitar sua oferta para interagir. Mas descobri que, se você for capaz de quebrar o desconforto, há uma boa chance de finalmente conseguir a faísca que está procurando.

Quando decidi, pela primeira vez, fazer o filme que, por fim, se transformaria em *8 Mile: Rua das Ilusões*, eu tinha em mente que tudo que eu queria era fazer um filme sobre hip-hop. Eu tinha conhecido algumas figuras icônicas nesse gênero musical — Slick Rick, Ol' Dirty Bastard, RZA, Chuck D — bem no início de suas carreiras e, na iminência dos anos 1990, eu já estava completamente ciente de que o hip-hop era parte importante da vida dos jovens norte-americanos. Uma noite, debati com um jornalista de destaque do *New York Times*, que insistiu que o hip-hop era simplesmente uma cultura inferior e de nicho, uma entre tantas, que não duraria muito. Isso soou ridículo para mim. Se a história nos ensinou algo, é que aquilo que é legal para os jovens hoje será tendência amanhã. Era claro para mim que a cultura dominante da geração jovem estava em uma trajetória para se tornar a cultura dominante. O jornalista do *Times* pensou que estava por dentro da situação enquanto fazia sua análise, quando, na verdade, não estava. Mas ele estava longe de ser o único que não entendeu isso.

Desconectados do que realmente estava acontecendo na sociedade, a maior parte das vozes das organizações da época não conseguia enxergar quão importante era o hip-hop e não deu o devido respeito que esse gênero merecia. Isso me deixou frustrado, e eu queria mudar isso. Então decidi fazer um filme que expressaria o poder do movimento hip-hop. Um filme em que o próprio hip-hop seria o protagonista. Em vez de iniciar com uma história, eu comecei com um tema e um ponto de vista forte.

Depois de ouvir o que eu tinha em mente, Dr. Dre e Jimmy Iovine me apresentaram a Marshall Mathers (Eminem). Eu nunca o tinha encontrado antes, mas estava intrigado. Ele tinha lançado um sucesso, mas ainda não era famoso. Eu estava muito interessado no que já sabia sobre seu passado e sobre sua música original e inovadora. A música de Eminem tinha uma combinação única de elementos: a voz do centro da cidade, o humor e a ironia de seu alter ego, Slim Shady, e a cultura pop. Achei brilhante!

Eminem entrou em meu escritório já na defensiva. Cumprimentou-me com um olhar duro e gelado. Não havia calor algum. Ele se sentou em meu sofá e fez de tudo para não olhar para mim — ou se conectar comigo de qualquer forma — na maior parte dos 30 minutos que passou lá.

Talvez você já tenha passado por isso, situações em que a pessoa com quem está não se permite, nem por um momento, aceitar a atenção que você está oferecendo. Relembrando hoje, reconheço que ele não tinha nada contra minha personalidade. Ele era introvertido, o que é ironicamente comum para artistas extremamente talentosos.

Os minutos se arrastaram de forma dolorosa. Tentei de tudo para preencher a sala com energia positiva e fazer com que Marshall se sentisse seguro o bastante para baixar a guarda. Fiz de tudo para lhe mostrar minha alma e deixar claras minhas intenções. Eu queria que esse filme retratasse o hip-hop em sua forma mais original e estava verdadeiramente interessado em retratar sob a perspectiva de Marshall. Mas, por mais que eu tentasse de tudo para envolvê-lo na conversa, por mais que eu fizesse perguntas objetivas e convidativas, ele simplesmente não as respondia. Foi excruciante. Por fim, ele achou que já tinha ouvido o suficiente e se levantou do sofá bruscamente.

"Tô fora", disse ele.

Eu não podia simplesmente deixá-lo ir. Não teria sido a primeira — ou a última — vez em que uma reunião fracassou sem eu estabelecer uma conexão. Tomei uma decisão em uma fração de segundo. Saltei da cadeira e lhe fiz um último pedido.

"Qual é", falei olhando diretamente nos olhos dele e, então, parei. Não tenho certeza de onde isso veio senão de um sinal de desespero. Então perguntei: "Não pode se animar?"

Minha jogada poderia facilmente ter dado errado, ou parecer muito agressiva, porque, em um primeiro momento, ele olhou para mim como se estivesse bravo. Contudo, para minha surpresa — e alívio —, ele se sentou novamente e começou a falar. Ele me contou de onde veio e como começou a carreira como rapper. A conversa durou quase uma hora, e a história que ele compartilhou comigo naquele dia basicamente se transformou no filme *8 Mile*.

Mais tarde, descobri que a palavra "animar" deriva da palavra em latim *anima*, que significa vida, alma ou espírito. Eu poderia ter escolhido qualquer outra palavra naquele dia com Marshall, mas, de alguma forma, instintivamente, escolhi a palavra que dizia que eu estava olhando para sua alma. E foi suficiente para fazê-lo olhar para a minha também.

Não há um caminho claro ou uma receita para se conectar com alguém. Nem sempre acontece da maneira correta. Algumas vezes requer paciência. Outras vezes, apenas tentar derrubar a parede entre você e o interlocutor, como fiz com Marshall, e ver o que acontece. É claro que você pode acabar com qualquer chance de fazer uma conexão. Mas isso é mesmo tão pior quanto se manter em segurança e sair sem fazer conexão nenhuma?

Marshall não se abriu completamente para mim em nossa primeira reunião. Mas pelo menos ele se dispôs a ficar e falar. E foi suficiente para estabelecer a base para, gradualmente, construir uma conexão mais profunda.

Eminem e eu fizemos *8 Mile* juntos, e ele acabou ganhando um Oscar de melhor canção original. Na verdade, *Lose Yourself* foi a primeira e única música de hip-hop a ganhar um Oscar. Meu amor e respeito pelo hip-hop só aumentou ao longo dos anos, aparecendo em meu trabalho por meio da série *Empire: Fama e Poder*, do roteiro da série dramatizada *Wu-Tang: An American*

Saga, do documentário *O.J.: Made in America*, com Jay-Z, e da cinebiografia que ainda será lançada sobre o produtivo artista de *trap music* Gucci Mane. O hip-hop é, hoje, o gênero musical mais popular do mundo, causando um impacto profundo em todas as culturas, dos esportes e da tecnologia até a mídia e a moda; enfim, o hip-hop é, sem dúvida, *a* cultura dominante da nossa época.

CAPÍTULO 3

A "Chave" para o Acaso

"A beleza de uma mulher deve ser notada por meio de seus olhos, porque essa é a porta para seu coração, onde o amor reside."

— Audrey Hepburn

Sete anos atrás, terminei um relacionamento que durou apenas alguns meses. Pensei que eu deveria dar uma pausa nos namoros e passar um tempo sozinho. Minha vizinha Barbara morava a algumas portas da minha casa em Malibu com seu marido, Roy. Eu a conhecia há mais de uma década. Ela é uma italiana confiante e bonita, que coloca intensidade em tudo a que se propõe. Ela tinha me visto passar por diversos relacionamentos ruins e alguns términos e sugeriu que saíssemos para jantar e colocar o assunto em dia. Eu estava ansioso para fazer isso porque Barbara me conhece muito bem; na verdade, geralmente trocamos cumprimentos carinhosos, como "Ei, irmão" ou "Bom ver você, irmã!".

Junto com o melhor amigo de Barbara, Max, que veio da Itália para visitá-la, fomos ao Capo, um restaurante em Santa Mônica. A reserva no Capo é cobiçada. Amo a comida de lá — minhas favoritas são o branzino feito em forno a lenha e a salada Caesar de frango grelhado — e o lugar em si é rústico e aconchegante, sem deixar de ser elegante. Nós estávamos nos divertindo, degustando uma garrafa de Barolo. Assim que acabamos de comer as entradas, notei quando uma mulher inacreditavelmente atraente em um vestido vermelho entrou no restaurante. Seus cabelos loiros e ondulados balançavam sobre seus ombros quando ela virava a cabeça para olhar o ambiente. Não consegui distinguir muito bem sua etnia, somente que ela tinha uma aparência exótica e uma força vital radiante! E, para minha sorte, ela começou a vir em direção à nossa mesa. Eu não conseguia tirar os olhos dela.

"Oi, Veronica!", Barbara a cumprimentou.

Ela se levantou para cumprimentar e abraçar a amiga. Os olhos de Veronica pareceram cintilar quando ela abriu um sorriso brilhante. Então, Barbara nos apresentou. Para mostrar boas maneiras, levantei-me e apertei sua mão. Nossos olhares se encontraram por um breve momento e, instantaneamente, senti-me atraído por ela. Um rubor inesperado subiu em meu rosto.

"Gostaria de tomar uma taça de vinho conosco?", perguntei, esperando que ela aceitasse. Ela piscou e recusou de forma educada, dizendo que não queria interromper nosso jantar.

"Só passei para buscar minhas chaves. Barbara e eu saímos ontem à noite para comemorar meu aniversário e eu as esqueci em sua bolsa", complementou ela.

"Nós acabamos de jantar, você não está interrompendo nada", falei. "Por favor, junte-se a nós!"

Ela se sentou na única cadeira desocupada, bem ao meu lado, e todos começamos a conversar. Isso aconteceu poucas semanas antes do Natal, então conversamos a respeito de nossos planos para as férias. Eu ia para Saint Barts com alguns amigos, e ela para a Pensilvânia ver sua família. A conversa fluiu de forma espontânea e divertida e, quando Veronica começou a rir de uma piada, reparei em sua boca. E na forma de seus lábios. Eu estava tão atraído por ela que me imaginei beijando-a. Fazia apenas cinco minutos que tínhamos nos conhecido e, mesmo assim, pareceu que tudo e todos desapareceram naquele momento. Eu estava encantado! Nunca tinha sentido isso por ninguém.

No fim da noite, saímos do restaurante e paramos no estacionamento, ficando um de frente para o outro. Seus olhos estavam iluminados por uma felicidade interior que me fez entender que era exatamente isso que a tornava incrível. Pedi o número dela naquela noite e liguei para ela na manhã do dia seguinte. E estamos juntos desde então. (Após todos esses anos, por sinal, ainda não acredito que Veronica só estava passando para buscar suas chaves com Barbara. Ela nunca admitiu isso, mas me atrevo a dizer que um feliz acaso e um "feliz acaso bem planejado" são primos próximos!)

Minha amiga Whitney Wolfe Herd é a carismática fundadora e CEO do Bumble, uma rede social que permite que pessoas se conectem a outras em todas as áreas de suas vidas, da romântica à profissional. Hoje, Veronica e eu temos muitos amigos que têm recorrido a aplicativos como o Bumble com o intuito de romper com seus padrões e conhecer pessoas que eles jamais conheceriam em seus círculos sociais habituais.

"É incrível como um deslize de dedos e alguns dígitos podem mudar o curso de sua vida inteira por levar a uma conexão humana poderosa e inspiradora no mundo real", disse Whitney.

FRENTE A FRENTE

Whitney tinha razão. Tenho visto conexões reais e de longa duração começarem por meio de encontros virtuais. Contudo, por mais excelente que o Bumble, ou qualquer outra rede social, possa ser, interações virtuais somente levam você até determinado lugar. Deslizar o dedo para a direita ou para a esquerda faz parte de uma transação. Não se pode encontrar confiança, autenticidade ou intimidade usando o Google. Trocar mensagens de texto e e-mails não lhes dá a chance de realmente se conectar, de corpo e alma, com alguém. Se o que você quer é um relacionamento significativo que vá além da superficialidade, em algum ponto terá que conhecer as pessoas frente a frente. Só assim é possível ler seus olhos, sua linguagem corporal e suas vibrações, para pegar dicas sobre seu caráter, sobre o que realmente pensam e perceber se há algo especial entre vocês. Isso é verdade principalmente quando se refere a romances.

Pessoalmente, acho que o verdadeiro amor sempre começa pela troca de olhares. Um pouco de contato visual com a pessoa certa é como uma droga. Estimula todos os nossos outros sentidos. Foi isso que aconteceu na primeira vez em que Veronica e eu trocamos olhares. Por mais que tenha sido uma troca de olhares breve, foi um olhar que revelou uma curiosidade mútua. Quando reconhecemos curiosidade nos olhos de outra pessoa, isso nos enaltece. É ótima a sensação de saber que as pessoas querem conhecer mais a nosso respeito, que elas veem em nós algo que vale a pena. Se há química, queremos viver aquela sensação outra vez. Com nossos olhos — e nossa linguagem corporal — falamos para a outra pessoa que a "vemos" também e que, da mesma forma, queremos saber mais. O desejo de interagir incentiva a vulnerabilidade. Começamos a nos abrir um com o outro e, enquanto fazemos isso, descobrimos se podemos ou não confiar na outra pessoa. Se a resposta for sim, ficamos ainda mais vulneráveis. Sentimos segurança em expor o que está dentro de nós — nossos maiores medos e sonhos secretos. É um ciclo que começa com o contato visual e leva à mais gratificante das conexões, aquela do tipo em que você acaba por conhecer a outra pessoa por inteiro e que você, em troca, é reconhecido da mesma forma.

Até hoje, Veronica e eu conseguimos ter um diálogo completo um com o outro mesmo estando um em cada lado do salão em uma festa. Ela consegue saber, somente pelo meu olhar, quando acho algo engraçado, e eu consigo saber quando ela se interessa por alguma coisa. Outra noite estávamos em um jantar com amigos — do tipo em que eles separam os casais para agitar a conversa. Eu olhei de longe para Veronica e ela arregalou os olhos de um jeito que só ela faz. Um dos convidados estava contando uma história muito longa e cansativa sobre sua opinião política. Tive que me segurar para não rir alto porque eu sabia exatamente o que ela estava pensando. Eu conseguia perceber que ela estava pronta para se virar e ir para casa. Usando o olhar, compartilhamos a piada interna ou a história em nossas cabeças. Nós entendemos perfeitamente o que cada um está pensando e sempre rimos muito falando sobre isso em nosso caminho para casa.

Depois desse dia, ainda não consigo tirar meus olhos dela.

CAPÍTULO 4

Juntos Crescemos

*"Não importa quão brilhante seja sua mente
ou sua estratégia, se você está jogando sozinho,
sempre perderá para um time."*

— Reid Hoffman

Sou fã dos filmes de Spike Lee há muito tempo. Minha apreciação por seu trabalho começou com o filme *Faça a Coisa Certa*. Fiquei impressionado com a invenção do filme, com sua substância politicamente progressiva e seu estilo visual, usando uma paleta de cores original e chamativa. Imediatamente, quis trabalhar com ele. No entanto, 17 anos se passaram antes de fazermos parceria em algum filme.

Spike e eu nos conhecemos em 1990 no almoço dos indicados ao Oscar, onde Spike estava sendo homenageado. Isso aconteceu relativamente cedo na carreira de ambos. Apesar de sermos jovens cineastas, ambos já tínhamos sido indicados ao Oscar como roteiristas — eu por *Splash*, em 1984, e ele por *Faça a Coisa Certa,* naquele ano. Eu contei a ele quanto admirava seu trabalho e como fiquei atônito com o filme *Faça A Coisa Certa* em particular. O respeito era mútuo e ambos expressamos interesse em trabalharmos juntos. Na época, contudo, não conseguíamos encontrar um tema que estivesse alinhado com o que cada um pensava. Spike estava procurando por um roteiro para um filme sobre a origem do hip-hop, e eu não tinha a história certa para isso. Então, os anos se passaram.

FRENTE A FRENTE

Uma década depois desse encontro com Spike, percebi que seus projetos em Hollywood ocasionalmente terminavam em algum conflito. Isso não é completamente incomum para cineastas talentosos com visões criativas fortes. Ótimos artistas são não conformistas por natureza e tendem a resistir às forças de homogeneização desenfreadas na indústria do cinema. Conflitos acontecem. Não gosto quando as coisas acabam mal. É por isso que, logo que iniciei nessa carreira, criei uma regra. Sempre havia quatro ou cinco diferentes grupos de pessoas em um filme — diretores, estrelas, produtores e escritores tinham seus respectivos grupos. Se eu chegasse à conclusão, por fatos ou por intuição, de que as coisas poderiam terminar muito mal para um desses líderes, isso aguçaria meu interesse em trabalhar com eles. Então, considerei seriamente o que observei em Spike.

Finalmente, assumi alguns projetos nos quais ele pareceu interessado em seguir. Um deles foi *O Gângster*. Spike veio até meu escritório para uma reunião. Sentado no sofá, ele expôs sua visão de *O Gângster* com uma clareza excepcional. Suas ideias eram detalhadas e precisas, como eu esperava que seriam. Contudo, sua versão não se alinhava com o modo como eu tinha imaginado o filme.

"Vamos continuar tentando encontrar algo em que possamos trabalhar juntos", falei.

Eu o acompanhei até a porta, conversando sobre banalidades e negócios em geral. Assim que o elevador chegou, Spike procurou algo atrás de si e, de repente, estendeu-me um roteiro. Até hoje não tenho ideia de onde aquilo saiu.

"Brian", disse ele, "*isso* é algo. Isso é algo que eu gostaria de fazer com você".

O roteiro de *O Plano Perfeito*, da produtora Imagine.

Antes que eu pudesse responder — pouco antes de as portas do elevador se fecharem entre nós — Spike estendeu a mão e apertou a minha. Pela primeira vez naquele dia, ele me olhou diretamente nos olhos. Qualquer um que conheça Spike, ou que um dia tenha tido contato visual com ele, conhece o caráter único de seu olhar — paciente, profundamente sincero, transparente.

"Eu lhe prometo", disse ele. "Esse relacionamento terá um bom começo e um excelente final, e essa será uma experiência fantástica para você."

Agora, se ele sabia de alguma coisa para fazer esse comentário — com certeza nunca *contei* a Spike quais eram as minhas ressalvas —, nunca saberei.

Até aquele momento, eu tinha a intenção de simplesmente dizer adeus. Mas um de meus provérbios prediletos é estar aberto à espontaneidade, então eu abracei a possibilidade que *esse* momento me ofereceu.

Tecnicamente falando, *O Plano Perfeito* sequer estava disponível. Nós já tínhamos contratado um diretor para o projeto. Porém tudo aquilo que, um segundo atrás, eu pensava ser impossível fazer foi instantaneamente negado. Eu não conseguia dizer "não" rápido o suficiente. Eu o contratei na hora.

Spike dirigiu *O Plano Perfeito*, e o projeto foi uma das experiências mais positivas em minha carreira, sem mencionar que foi um sucesso de bilheteria. Os críticos e o público adoraram.

Fazer filmes é um negócio difícil. É por isso que prefiro trabalhar, quando posso, com pessoas com quem eu me conecto de modo verdadeiro. Eu me empolgo em colaborar com alguém não só porque respeito seu talento, mas também porque percebo que a perspectiva e o esforço que essas pessoas trazem para o trabalho tornarão o projeto melhor.

Quando terminei de assistir a série de televisão *The Night Of*, da HBO, eu sabia que tinha que conhecer o protagonista, Riz Ahmed. Nesse suspense de investigação policial dos escritores Steve Zaillian e Richard Price, com quem trabalhei no passado em dois de meus filmes (Steve como escritor de *O Gângster* e Richard como escritor de *O Preço de um Resgate*), Riz oferece um desempenho fascinante. Eu estava boquiaberto pela transformação que ele era capaz de alcançar interpretando Nasir Khan, um muçulmano-americano coagido pelo sistema de justiça criminal. No começo, Nasir parece gentil e ingênuo. Mas, depois que ele é mandado para a prisão, é forçado a se adaptar à vida atrás das grades. Quase no final da história, o garoto inocente e de olhar alegre se transforma em um homem de rosto maduro, apto a viver no mundo real. John Turturro, que interpretou o advogado de Nasir, desenvolve uma linha de pensamento para o juiz que resume perfeitamente:

"O que vejo aqui é o que acontece quando você coloca uma criança na prisão Rikers e diz: 'Tudo bem, sobreviva a isso enquanto tentamos livrá-lo de um crime que você não cometeu.'"

Por seu desempenho, Riz, que é anglo-paquistanês, fez história duas vezes, tornando-se o primeiro ator descendente de asiáticos e o primeiro muçulmano a ganhar um Emmy em um papel principal.

Às vezes, leio a respeito de alguém — um ator, escritor, diretor — ou vejo seus trabalhos e procuro essas pessoas para discutir um projeto em específico. Outras vezes, sequer há um projeto. Eu sinto vontade de marcar uma reunião com um artista só porque o talento dele me impressionou e quero entender melhor quem ele é e quais são suas paixões. Interagir com essas pessoas me dá a chance de decidir se são alguém com quem eu gostaria de colaborar no futuro e, ao conhecê-los, tenho uma melhor noção sobre os tipos de projetos por que eles se interessariam ou em quais se encaixariam melhor. A reunião que marquei com Riz era desse segundo tipo.

Como você já deve ter notado até aqui, já tive milhares de reuniões em minha vida, com os mais diferentes tipos de pessoas, que se comunicam das mais diversas maneiras. Tem sido fácil conhecer algumas delas. Outras são naturalmente mais difíceis de se conectarem. Há determinadas pessoas que podem fechar a porta na sua cara até mesmo quando você está focado, atento e fazendo boas perguntas; elas podem responder com uma só palavra ou somente parecer desinteressadas em geral. Por essa razão, sempre tento ir a reuniões (e conversas de curiosidade) com algum histórico sobre as pessoas com quem estou me encontrando e algum conhecimento sobre os tópicos que podem ser estimulantes ou relevantes para elas.

Por mais que esse tipo de preparação possa parecer forçada, eu vejo isso como um esforço necessário para criar um relacionamento. Quando inicio uma reunião com um colaborador em potencial, sempre suponho que eles estão se perguntando: "O que essa pessoa tem para me oferecer? O que ele pode abordar nessa conversa? Quais são nossos interesses em comum?" Todos avaliam as pessoas antes de iniciar um negócio com elas. Se conheço bem as áreas de interesse das outras pessoas, elas estão mais inclinadas a sentir que eu as entendo em algum nível. Aquele sentimento de "Oh meu Deus, eu me identifico com você. Eu o entendo! Também sinto isso!" é o que geralmente estimula o desejo de colaborar — em ambas as direções.

FRENTE A FRENTE

Antes de me encontrar com Riz, fiz minha tarefa de casa. O que aprendi é que ser um ator talentoso é uma das muitas coisas que fazem dele um superastro. Ele também canaliza sua energia intelectual e criativa para combater a discriminação racial, a falta de representatividade social variada na mídia e a retórica anti-imigração.[11] Quando era estudante da Universidade de Oxford, Riz se sentia excluído em meio à multidão de brancos ricos. Ele rompeu o circuito social *black-tie* ao organizar um "clube" semanal noturno, em que ele era o mestre de cerimônias. O clube se tornou um dos eventos mais populares na universidade e deu um impulso na carreira musical de Riz. Hoje, "Riz MC", como é conhecido pelos fãs de sua música, faz parte de um grupo de hip-hop aclamado pela crítica, denominado *Swet Shop Boys*, que usa humor irreverente e sátira sem escrúpulos para protestar contra injustiças sociais. Riz, que também representa crianças refugiadas rohingya (ou ruaingas) e sírias, foi nomeado uma das "100 pessoas mais influentes" pela revista *Time* em 2017.

Riz escolheu um pequeno e modesto restaurante no lado oeste de Manhattan para nossa reunião. Quando ele entrou no restaurante, sua energia diferente e sua presença eram palpáveis. Eu imediatamente soube que ele teria algo de substancial a dizer. Assim que ele começou a falar, olhei dentro de seus olhos expressivos e pude sentir quanto sua humanidade era poderosa. Enfurecido pela indiferença do mundo em relação à situação dos refugiados, ele elaborou um caso apaixonado e convincente sobre por que precisamos defender essas pessoas, que, como todos nós, estão somente tentando sobreviver, ter melhores condições e dar uma vida melhor para suas famílias. "Estamos todos juntos nessa", disse Riz.

Antes mesmo de termos a chance de conversar sobre trabalho criativo, senti-me conectado a Riz. Fui atraído por seu espírito e estava certo de que podíamos criar algo significativo juntos. E um projeto, de fato, nasceu disso. Infelizmente, em virtude de um compromisso inadiável, Riz acabou tendo que abandonar o projeto. Não há outra forma de dizer — fiquei arrasado. Essa não foi a primeira vez que um projeto não deu certo com alguém e não seria a última, mas esse, em especial, foi difícil para mim. Riz tinha oferecido uma ponte para um tipo de humanidade autêntica e um propósito abnegado que não era muito fácil de encontrar em Hollywood. Acredito mesmo em carma, do tipo em que coisas boas nascem de intenções puras, e sinto que nós ainda trabalharemos juntos no futuro.

Embora isso possa parecer nada intuitivo, as melhores decisões profissionais que tomo tendem a ser aquelas baseadas em conexões pessoais. Se confio em alguém, se fico impressionado ou inspirado por essa pessoa, tendo ou não evidência comprovada ou, ainda, sem evidência nenhuma, fico disposto a dar uma chance de as outras partes se encaixarem.

No início dos anos 1980, Eddie Murphy estava com tudo. Ele surgiu e se destacou na telona no filme *48 horas,* com Nick Nolte, em 1982. No ano seguinte, apareceu em *Trocando as Bolas,* ao lado de Dan Aykroyd. E um ano após isso, estrelou o mega sucesso *Um Tira da Pesada,* que, em 1984, foi a comédia que atingiu a maior bilheteria de todos os tempos. Eu não via a hora de conhecê-lo.

Em 1987, tive a chance de conhecê-lo. Naquele ano, Eddie estava em turnê com seu show ao vivo tremendamente popular, *Sem censura.* (Denominado *Eddie Murphy – Sem censura* a partir de 2019, a gravação com audiência ao vivo ainda é o filme de *stand-up* número um de todos os tempos.) Eddie convidou

FRENTE A FRENTE

Michael Keaton para o show, e Michael, que eu conhecia bem desde que fizemos *Corretores do Amor* juntos, convidou-me. Depois da apresentação, fomos para o camarim. Eu me lembro de ter esperado bastante tempo antes de Eddie aparecer. Mas, quando ele finalmente apareceu, ele fez isso de maneira fabulosa: vestido em um — agora icônico — terno de couro roxo. Valeu a pena esperá-lo. Eddie tinha uma presença gigantesca e um carisma fascinante. Tudo nele era demais, original e forte. Ele irradiava confiança e, mesmo fora do palco, era brilhantemente engraçado. Não tinha como não gostar dele.

Naquela época, Eddie tinha um contrato exclusivo de produção e atuação com a Paramount. Mas eu senti que tanto o estúdio quanto Eddie estavam civilizadamente fartos um do outro. Eddie tinha perdido a confiança no sistema e se sentia subutilizado.

Ao experienciar seu dinamismo pessoalmente naquela noite, após o *Sem censura*, eu estava mais entusiasmado do que nunca para entender quem Eddie era como artista e como pessoa. Liguei para Skip Brittenham, o poderoso advogado do mundo do entretenimento que o representou (e que era, também, meu vizinho e parceiro de tênis), e pedi a ele para armar um encontro.

Com estrelas de Hollywood como Eddie, muitas pessoas — até mesmo grandes diretores e executivos poderosos — evitam fazer contato visual. Eu não ia cometer esse erro. Sentado de frente para ele, inclinei-me no intuito de capturar seu olhar. *Quem*, eu queria saber, *era o verdadeiro Eddie Murphy? O que era realmente importante para ele?* Ele tinha um sexto sentido afiado para falsas intenções. Mas, pelo modo como o olhei, por minha linguagem corporal e meu tom de voz, Eddie conseguiu perceber que eu não queria nada dele. Aos poucos, ele foi se abrindo para uma conexão e, sem aquele bloqueio inicial, começamos a desenvolver uma amizade.

À medida que passamos a nos conhecer melhor, ficou claro que Eddie e eu tínhamos um mesmo objetivo: criar filmes do mais alto calibre com as melhores histórias. Eddie, como um verdadeiro conhecedor de todas as formas de arte — comédia, música e cinema —, tinha uma infinidade de ideias e podíamos passar horas conversando sobre elas. Um dia, ele compartilhou uma ideia para um filme que, por fim, se transformou em *O Príncipe das Mulheres*.

Em *O Príncipe das Mulheres*, Eddie interpreta Marcus, um publicitário excepcional e arrogante, com a reputação de ser um grande conquistador e chauvinista. A certa altura, sua assistente, a mando dele, estava enviando flores para nove mulheres diferentes com um cartão que dizia: "Pensando em você." Quando uma fusão na empresa o coloca como subordinado de uma bela nova chefe, Jacqueline, interpretada por Robin Givens, Marcus volta seu interesse para ela. Marcus e Jacqueline se envolvem, e ele rapidamente se dá conta de que ela é uma versão masculina dele mesmo — evasiva e conivente. De repente, *ele* vira assunto de fofoca no escritório, e todos os olhares e risadinhas se voltam para *ele*. Pela primeira vez em sua vida, é ele quem está sendo enganado. Foi uma ideia pressagiosa. No início dos anos 1990, grande parte dos filmes e programas de televisão era voltada para o homem como figura poderosa, e a mulher era quem sempre saía machucada. Agora o jogo tinha virado.

Nosso elenco, que incluiu Halle Berry, Chris Rock, Martin Lawrence, Eartha Kitt, John Witherspoon e David Grier, era vibrante e talentoso. *O Príncipe das Mulheres* foi um sucesso e se tornou um clássico cult. Mais de 25 anos depois, as pessoas ainda riem de suas cenas favoritas e citam suas falas prediletas:

"Quando eu seduzir você... se eu decidir seduzir você, não se preocupe. Você saberá."

Muitos anos após *O Príncipe das Mulheres*, Eddie e eu fizemos outra comédia juntos. O filme *Os Picaretas* já estava em andamento com Steve Martin, que escreveu o roteiro e o nomeou baseado em seu bistrô predileto em Paris. Steve tinha criado o papel do ator principal, Kit Ramsey, tendo Keanu Reeves ou Johnny Depp em mente. Mas eu pensei, *Deveria ser Eddie! Ele ficaria brilhante no papel de Kit!* Eu pedi a ele para dar uma olhada. Eddie aceitou o papel imediatamente... e pensou que seria interessante e desafiador se ele interpretasse dois papéis. Ele queria não só interpretar Kit, como também um novo personagem — o gêmeo de Kit, Jiff. Steve amou a ideia, então trabalhamos em cima dela.

Até hoje, fiz cinco filmes e séries de televisão com Eddie que foram ou sucessos de criação, ou sucessos artísticos, ou ambas as coisas. Nada disso teria acontecido sem uma conexão inicial entre dois seres humanos. Os relacionamentos criativos mais bem-sucedidos, como qualquer bom relacionamento, partem de uma atitude autêntica e de intenções puras. Isso significa mostrar de verdade, sem segundas intenções, uma curiosidade sincera sobre a outra pessoa e respeito por ela. Quando duas pessoas se aproximam dessa forma, o resultado é quase sempre valioso para todos os envolvidos. Aquele primeiro encontro frente a frente com Eddie levou a um relacionamento de profunda confiança, em que reconhecemos e realçamos o melhor um no outro.

Nos dias de hoje em Hollywood, muitos estúdios, plataformas de mídia e redes criam algoritmos e modelos financeiros que eles esperam que produzam sucessos de baixo risco. À medida que os executivos tentam criar uma fórmula perfeita para satisfazer o público a um custo menor possível, o desenvolvimento da história e do personagem pode ser abalado e o projeto perder rapidamente sua essência. Nesse sistema, é fácil para um artista fracassar.

Para mim, o caminho mais previsível para criar um grande sucesso é construir e nutrir relacionamentos verdadeiros e confiáveis. Com qualquer colaborador do meio artístico, seja o ator, o escritor, o compositor ou outro qualquer, mantenho meu objetivo de, primeiramente, conhecê-los como pessoas e entender o que eles querem transmitir e por quê. Se acho que posso confiar neles, dou espaço, liberdade e apoio para expressarem seus mais profundos sentimentos de maneira honesta. Isso incentiva o artista e, na maioria das vezes, resulta em histórias que desencadeiam uma poderosa resposta emocional nos telespectadores, que é o objetivo principal de qualquer filme ou obra de arte.

CAPÍTULO 5

Acredite no Olhar

"Sua visão ficará clara somente quando conseguir olhar para o próprio coração. Quem olha para fora, sonha; quem olha para dentro, acorda."

— Carl Jung

As pessoas me perguntam o tempo todo como é feito um bom filme. O que *realmente* acontece por trás das cenas? Elas geralmente estão interessadas nas partes mais intrigantes sobre as estrelas de cinema e as festas, então nunca sei direito como responder. A verdade é que os filmes, na maioria das vezes, são muito menos glamorosos do que as pessoas pensam. De fato, por baixo de todo o brilho, eles podem ser considerados inacreditavelmente complexos e desafiadores quando se trata de dar frutos.

Como produtor de cinema e televisão, meu trabalho é nutrir uma ideia criativa desde sua concepção até o longo caminho de sua realização na tela. Ser produtor é muito parecido com ser empreendedor, só que começando do zero todas as vezes. Não há garantia nenhuma e há inúmeros obstáculos. É um negócio arriscado. Para cada novo projeto, você precisa construir um caso forte que será atrativo para todos, de patrocinadores a atores e público. Ou seja, todos os tipos de pessoas com diferentes mentalidades, interesses e ideias. Nem preciso dizer que isso requer *muita* negociação. Diante disso tudo, há duas coisas absolutamente cruciais para eu enxergar um projeto com sucesso — uma visão clara e convincente em que eu acredite e a habilidade de fazer conexões fortes com outras pessoas.

A ideia para um filme ou um programa de televisão pode surgir para mim em qualquer lugar e tempo. Às vezes, está embasada em algo pessoal; às vezes, é sobre um tema humano e universalmente importante. Dois dos meus primeiros filmes, *Splash* e *Corretores do Amor,* foram muito pessoais para mim. Foram terapêuticos em um momento em que eu era um solteiro de 20 e poucos anos tentando ajeitar minha vida. Minha procura inútil pelo amor verdadeiro inspirou *Splash*, uma comédia romântica sobre um homem que se apaixona por uma sereia. A ideia para *Corretores do Amor* nasceu de minha quase habilidade de super-herói de conseguir quase qualquer trabalho... e, então, perdê-lo. Eu pensei, "Qual seria o pior trabalho possível em que eu poderia estar?" Trabalhar no turno da noite em um necrotério, operando uma rede de prostituição, pareceu-me uma terrível — e hilária — resposta.

Qualquer que seja a ideia, sempre me questiono sobre alguns itens importante no início da história: "O que há de mais importante na história — um conceito, um personagem, um tema, uma missão ou algo pessoal, uma paixão profunda? Que pensamentos ou sentimentos quero que a história desperte em meu público?" Mas talvez as questões mais importantes sejam: "Por que isso existe?" e "Por que isso importa para mim de forma pessoal?"

Uma Mente Brilhante contou a história de John Nash, um esquizofrênico que ganhou um prêmio Nobel em economia. Fiz o filme para ajudar a desestigmatizar a deficiência mental ou qualquer tipo de deficiência. Foi uma missão que importou muito para mim. Meu filho Riley, agora com 32 anos, tem

Transtorno do Espectro Autista (TEA). Quando ele estava no ensino fundamental, enquanto eu o vigiava pela cerca da escola, vi alguns garotos esconderem sua bandeja do almoço quando ele foi pegar uma bebida. Ele voltou para a mesa e ficou desorientado e confuso, enquanto todos os outros garotos riam. Isso cortou meu coração, e eu quis fazer algo a respeito. Eu estava determinado a contar a história que serviria de meio para propagar empatia e compaixão por aqueles que são diferentes.

O autor Simon Sinek, que fez uma das palestras TED Talks mais assistidas de todos os tempos, diz que: "As pessoas não compram o que você faz; elas compram porque você faz. E o que você faz simplesmente prova aquilo em que você acredita."[12] Fazer um filme ou um programa de TV não é um trabalho individual. É necessário ter o apoio de estúdios, patrocinadores e todo um time de pessoas comprometidas — escritores, diretores, atores, produção — trabalhando juntas. Se não acredito na visão do projeto, ou não consigo articulá-la de modo convincente e persuasivo, como posso esperar que alguém acredite ou se comprometa a fazer isso? Como consigo atrair as pessoas mais talentosas e interessantes para o projeto?

Às vezes, deparo-me com um roteiro ou um livro de que gosto muito, seja pelo enredo ou pelos personagens, porém a mensagem ou o propósito por trás da história não fica imediatamente aparente ou convincente para mim. Quando isso acontece, geralmente tento descobrir o que o autor pretende, ou trabalho junto com o escritor até que eu acredite na visão que ele quer passar. Se eu não acreditar, não vou ter vontade de fazer o projeto. Isso porque sei que ninguém mais acreditará nele. Eles apenas encenarão os movimentos para fazer o filme. E será muito ruim. Todos já vimos filmes assim.

FRENTE A FRENTE

Encontrar pessoas que compartilhem a mesma visão que eu e convencê-las a participar de um projeto é apenas metade da equação, é claro. Eu não poderia fazer nenhuma dessas coisas efetivamente, muito menos fazer um filme de sucesso, sem confiança. As pessoas precisam confiar que sou verdadeiro e sinceramente confiar no projeto. Elas precisam confiar que vou manter o projeto até o final e eu preciso confiar que elas farão o mesmo. Temos que ser capazes de nos reunir, frente a frente, olhar nos olhos uns dos outros e saber que estamos juntos nessa, dispostos a fazer o que tivermos que fazer para ver o filme pronto. O fato de você ser ou não capaz de construir relacionamentos confiáveis ajudará a fazer ou a destruir não apenas um filme, mas certamente qualquer grande ideia que queira apresentar ao mundo. Um dos exemplos mais poderosos disso, por experiência própria, é a história por trás de como o filme *O Gângster* foi feito.

Nick Pileggi chamou minha atenção no início dos anos 1990. Nick era casado com a falecida Nora Ephron, e os dois extremamente admirados na cidade, mais especificamente, literários extremamente admirados em Nova York. No início, Nora era uma roteirista de sucesso e, depois, tornou-se diretora. Nick era um renomado jornalista, especialista na área de crime norte-americano. Quando ele chamou minha atenção, tinha acabado de coescrever o roteiro para o filme *Os Bons Companheiros*, baseado em seu livro de não ficção *Wiseguy: Life in a Mafia Family* [*Wiseguy: A Vida de Uma Família Mafiosa*, em tradução livre], e logo estaria escrevendo o roteiro para *Cassino*, baseado em seu livro de mesmo nome.

Fiquei impressionado com o vasto conhecimento de Nick sobre crimes do século XX e encantado com sua habilidade em manter boa relação com tantos chefes da máfia e figuras do crime organizado. De alguma forma, ele — um jornalista, nada menos do que isso — conquistou confiança suficiente para adentrar um mundo geralmente impenetrável. Então, naturalmente, eu o procurei para ver se ele aceitaria ter uma conversa de curiosidade comigo. Ele concordou e sugeriu que fôssemos jantar no Rao's, um restaurante italiano no Harlem, onde todos sabiam que era difícil de entrar.

Desde sua inauguração em 1896, o Rao's está instalado na mesma esquina, entre as ruas East 114th e Pleasant Avenue. Foi nos anos 1970, contudo, quando o dono, Frank Pellegrino, assumiu o comando, que o restaurante se transformou em uma verdadeira referência em Nova York. Após Mimi Sheraton escrever uma resenha incrível de três estrelas no *New York Times*, a demanda por reservas no Rao's cresceu muito. Era mais do que uma casa com 10 mesas (tecnicamente, 4 mesas e 6 pequenos camarotes) podia suportar. Para lidar com a fama recente, Frank apareceu com uma nova ideia — um tipo de sistema de compartilhamento de tempo. Ele atribuiu a cada um de seus clientes uma noite fixa — alguns semanalmente, outros mensalmente — e uma mesa. Os 85 clientes fixos basicamente eram "donos" de suas mesas para a noite — mesmo que terminassem seu jantar antes, a mesa não seria liberada — e para o resto da vida. Quando um "dono" morria, sua família geralmente herdava a mesa. Como resultado disso, era quase impossível conseguir jantar nesse estabelecimento em Nova York. Até pessoas como Celine Dion, o presidente Bill Clinton, Hank Aaron e mesmo John Gotti tinham que ter um "ingresso" para jantar aqui.

Quando entrei no Rao's, senti-me como se tivesse entrado diretamente no cenário de *O Poderoso Chefão*. Luzes de Natal (que aparentemente ficam ligadas o ano todo) pendiam sob as paredes revestidas de painéis junto com fotos de Sinatra e

FRENTE A FRENTE

Frankie Valli. Era inesperadamente claro lá dentro, havia uma jukebox na parede e um bar em uma das extremidades — feito de madeira escura com painéis de carvalho e uma almofada de couro vermelho, onde Nicky the Vest (assim chamado em virtude de sua coleção de mais de mil coletes [vests]) ficava em destaque. Longe de ser elegante, o Rao's era um ambiente que lembrava uma casa e tinha um suporte para casacos perto do banheiro masculino. Era um lugar em que todos pareciam se conhecer e saber exatamente o que queriam comer. (No Rao's, você não recebe um cardápio, a não ser que peça um; e pedir um não parecia aconselhável.) Eu não tinha ideia do que esperar de Nick ou de como ele seria, mas a sensação de familiaridade e exclusividade do lugar parecia propício para conseguir uma conexão verdadeira com ele. Eu estava feliz por ele ter escolhido esse lugar para o encontro.

Foi então que Nick entrou. Ele usava uma camisa preta e uma jaqueta. Era alto (cerca de 1,80m), careca e usava grandes e redondos óculos de armação tartaruga. Havia uma característica intelectual nele e uma maneira tranquila e não afetada que chamou minha atenção. Imediatamente gostei dele.

Nós nos sentamos em um dos camarotes e a conversa fluiu muito bem. Descobrimos que tínhamos um grande interesse mútuo na atividade e no mundo um do outro. Eu estava ansioso para falar sobre a escrita de Nick e aprender mais sobre o mundo do crime que ele conhecia tão bem. Sabia que ele podia sentir minha sinceridade e meu interesse pelo modo como o escutei e lhe fiz perguntas que o fizeram pensar. Ele também era um ouvinte entusiasmado e respondeu às minhas perguntas contando as mais divertidas histórias; eu retribuiria contando algumas de minhas histórias de Hollywood. Nós dois estávamos intrigados com os personagens complexos que se tornaram líderes do crime organizado e as personalidades dos executores, ou substitutos, subordinados a eles.

Completamente charmoso, era fácil entender por que os gângsteres se abriam para Nick. Até mesmo nas raras vezes em que ele elevava a voz para enfatizar o desfecho de uma história, não era intimidador. Ele falava abertamente e mantinha contato visual. A cordialidade em seus olhos me envolveram, mas não completamente. Em alguns pontos, eles pareceram cautelosos. E isso fazia sentido. Nick estava falando sobre o crime e a máfia. Tudo era confidencial. Tive a sensação de que esse encontro era um tipo de teste, em que ele estaria medindo quão longe podia ir, quanto tempo ele podia ficar comigo e se ele continuaria ou não aquela conversa ou me dispensaria. Eu intuí que ele tinha valores e limites muito claros e também inflexíveis, e eu o respeitava por isso.

Mantendo os olhos um no outro a noite toda, alternando de conversas casuais e divertidas para intensas e profundas, estávamos processando simultaneamente um ao outro enquanto as histórias fluíam. Senti uma confiança nele que não consigo descrever. Entendi por que tive a sensação, no momento em que Nick entrou no restaurante naquela noite, que ele era querido por cada pessoa presente ali.

Com uma despedida e um aperto de mão formidável, Nick e eu finalizamos a noite concordando em manter contato. Posso dizer que não foi um daqueles momentos em que se fala "mantenha contato" sem realmente ter essa intenção. Durante um jantar em estilo família italiana, com uma garrafa de Chianti, tínhamos criado um laço que, em minha experiência, geralmente se leva anos para desenvolver. Nós dois gostamos muito da conversa e também um do outro. E eu sabia que nos veríamos novamente. Após esse dia, todo ano Nick e eu nos encontramos para tomar um café.

Dez anos após essa noite no Rao's, Nick me procurou trazendo algo urgente. Ele ligou para me dizer que tinha uma história que ele pensava que poderia se tornar um filme. Ele tinha lido um artigo na revista *New York* denominado *The Return of Superfly*, escrito por Mark Jacobson. Era a história de Frank Lucas, o maior e mais poderoso traficante de heroína e gângster nos Estados Unidos durante os anos 1970.

Após ter crescido em meio à pobreza em uma área rural na Carolina do Norte, Frank se mudou para Nova York em 1946, onde encontrou uma maneira rápida de ganhar dinheiro. Ele começou a roubar bares e joalheiros e ficou cada vez mais ousado e descarado a cada crime cometido. Ele percebeu rapidamente que lidar com drogas era a melhor forma de fazer dinheiro nas ruas. Frank começou a ser reconhecido e a ganhar respeito indo contra a máfia italiana e o Sindicato do Crime negro. Para quebrar as operações dessas organizações com a heroína, ele decidiu ir direto à fonte: os campos de papoula do sudeste da Ásia.

Em uma ação ao mesmo tempo ultrajante e arriscada, Frank voou até o Delta do Mekong em meio à Guerra do Vietnã e abriu caminho para atravessar a floresta e se encontrar com Luetchi Rubiwat frente a frente. Rubiwat, conhecido pelo apelido "007", era um lendário chefão das drogas chinês, que controlava toda a heroína do Triângulo Dourado, que compreende as fronteiras da Tailândia, da Birmânia e de Laos. Frank fechou um acordo com ele para garantir o embarque de heroína diretamente para os EUA, deixando de fora os intermediários. E foi assim que ele modernizou sozinho o comércio de heroína e acabou se tornando líder do maior império de drogas dos EUA... pelo menos por um tempo. Frank acabou sendo preso: um mandato federal de 40 anos e um mandato estadual de 30 anos.[13] No entanto, foi solto depois de apenas alguns anos, após cooperar com o que levou a mais de 100 prisões.

Depois de ler a respeito de Frank, Nick ficou intrigado. Ele conseguiu permissão especial para visitá-lo na prisão e passou algum tempo com ele, na tentativa de conhecê-lo melhor. "Eu sei que esse cara comandava negócios de narcóticos", contou-me Nick, "mas também havia algo a mais nele. Nós nos tornamos amigos e, quando ele saiu da prisão, eu disse para Frank: 'Você dá uma história.' A essa altura, ele já confiava em mim totalmente, e eu nele. Até então, ainda não tínhamos vendido nada, e ele disse que precisava de dinheiro para pagar os estudos de seus filhos em uma escola católica. Custava US$10 mil. Então, eu lhe dei um cheque no valor de US$10 mil. Minha esposa, Nora, disse: 'Você está louco?!'".

Fiquei fascinado e imediatamente pedi para me encontrar com Nick e Frank em meu escritório em Los Angeles. Poucos dias depois, em uma mesa oval, longa e brilhante em nossa sala de conferências, vi pela primeira vez um dos gângsteres mais famosos da história norte-americana. Dava pra perceber facilmente que ele era um chefe. Ele tinha uma presença dominante e certo carisma que faziam com que o mito em torno dele fosse instantaneamente passível de se acreditar.

Tenho que admitir que a ideia de me encontrar com um chefão das drogas desumano — quanto mais entrar em um negócio com um — foi um pouco estressante. Frank tinha passado um bom tempo na prisão, mais recentemente, sete anos por tráfico de heroína e, apesar de ele nunca ter cumprido pena por nenhum crime violento, o homem tinha admitido, pelo menos uma vez, ser um assassino frio, embora tenha negado isso mais tarde.[14] No entanto, minha curiosidade era maior do que qualquer receio que eu tivesse. Meu desejo por aprender mais a respeito de Frank era insaciável. Não ia ter fim, e eu teria que continuar tirando as camadas para ver o que havia dentro dele. "Como ele seria de verdade? A história dele se manteria a mesma frente a frente? Ela daria um bom filme? Onde estava a redenção em sua narrativa?"

Assim que os dois se sentaram, Frank voltou os olhos diretamente para mim. Eu os sustentei com um olhar forte e atento enquanto ele começava a contar sua história. A certa altura, inclinei-me para a frente e perguntei categoricamente se ele já tinha matado alguém. Embora ele não tenha exatamente admitido isso, deu uma descrição explícita e chocante de eventos que ocorreram, incluindo atos de violência perturbadores. Ao mesmo tempo, ele também me contou sobre sua devoção à família e sua profunda e eterna lealdade à sua mãe.

Então me ocorreu que Frank estava me contando sua história de sobrevivente. A história de um homem negro semianalfabeto que foi capaz de aprender sozinho não somente como sobreviver, mas também como vencer na vida diante da pobreza e da brutalidade. Era uma história com um tema maior do que os detalhes específicos sobre a vida de Frank. No centro de tudo, estava o sonho americano e a capacidade humana de se reinventar. Eu sabia que tinha que fazer esse filme. Sem dúvida. Sem pensar muito. Comprei a história ali naquela sala.

Em seguida, tivemos que definir os termos de nosso acordo com Frank. Naturalmente, ele estava sempre atrás de mais dinheiro. Considerando quem era, talvez ele sempre fosse nos espremer um pouco mais, tentando tirar o máximo que conseguia. Eu o olhei nos olhos e declarei de forma direta: "Olha, eu tenho um histórico muito bom em fazer filmes. Acreditar em mim e em que esse filme será feito trará um fluxo de renda mais bem remunerado para você. Você receberá uma opção de pagamento agora, um pagamento de compra mais tarde e, também, um bônus por seu desempenho." Ele assinou o acordo conosco. E acabou recebendo cada pagamento.

Nick, agora com 85 anos, recentemente refletiu sobre aquela reunião fatídica, em que nós três nos comprometemos por um longo período à frente e fizemos negócios juntos: "Nunca duvidei de você, Brian, nunca. Você é uma pessoa que realmente se comprometeu com o projeto. Não sei o que Frank teria feito. Ao se comprometer e entrar nessa conosco, Lucas começou a confiar em mim porque eu disse: 'Nós vamos fazer disso um filme.'"

Nick sabia que um acordo de Hollywood não significa necessariamente que um filme seja mesmo feito, mas, por nos conhecermos, e graças àquela primeira interação no Rao's, ele acreditava em mim. E eu acreditava nele. Conhecia o suficiente sobre a índole de Nick para dizer que, se ele acreditava nessa história, então ela seria boa. Na verdade, muito, muito mais do que boa. O que eu não sabia na época é que eu estava prestes a embarcar na produção do filme mais difícil da minha carreira.

Com Frank no projeto, meu próximo passo era encontrar o melhor roteirista do mundo. Nick e eu estávamos ambos convencidos de que Steve Zaillian, que tinha vencido um Oscar por escrever *A Lista de Schindler* e tinha escrito outros roteiros indicados ao Oscar, era a pessoa certa. Como Nick era um amigo pessoal de Steve, consegui fazer contato e convencê-lo a ler o artigo *The Return of Superfly*. Ele não captou a mensagem imediatamente. Demorou seis meses para ele realmente focar o projeto e outros três anos em que liguei para ele repetidamente, para explicar a visão e para lhe enviar materiais de pesquisa, a fim de que ele se comprometesse. No entanto, finalmente, ele concordou em escrever o roteiro. E, uma vez que ele fez isso, estava dentro.

Para Steve escrever o roteiro mais autêntico e cativante possível, eu sabia que ele e Frank precisariam se conhecer melhor. Frank não confiava em quase ninguém, mas acreditava em Nick. E, como Steve e Nick eram amigos, fez sentido tê-lo como ponte de contato. Contratei Nick para passar alguns meses ajudando o escritor e o "assunto" da escrita a se conectarem. Por fim, Frank ficou razoavelmente confortável perto de Steve, e vice-versa. Frank iluminou o submundo sombrio e inescrupuloso dos gângsteres para Steve e lhe concedeu uma visão rara da dinâmica do poder ali envolvido. De sua parte, Steve, com alguma ajuda de Nick, transformou isso em um roteiro impressionante. Cada palavra que ele tinha escrito era genial. Todas as suas ideias eram sublimes: notavelmente original e sofisticado, superando todas as nossas expectativas.

Em seguida, parei para fazer uma lista dos melhores cineastas para dirigir o filme e comecei pelo topo: Ridley Scott. Diretor de *Alien*, *Blade Runner* e *Gladiador*, Ridley concordou em ler o roteiro porque Steve Zaillian o escreveu, e eles se conheciam bem. Ridley recusou sem hesitar. Ele disse que gostou da época em que o filme foi ambientado, mas não podia fazê-lo. Perguntei a alguns outros diretores, mas nenhum deles entendeu muito bem o filme. Continuamos a desenvolver o roteiro e, após quase um ano, voltamos a entregá-lo para Ridley. Ele disse não mais uma vez; ainda estava indisponível. Então finalmente desisti. Contratei outro diretor.

Meu próximo desafio era convencer Steve a cortar algumas partes do roteiro. O roteiro completo que ele tinha entregue estava com 170 páginas... *50* páginas a mais do que um roteiro deveria conter. Qualquer coisa acima de 120 páginas ficava muito caro de se produzir. Originalmente, o roteiro de Steve teria resultado em um filme de US$150 milhões. No início dos anos 2000, era uma quantia exorbitante. Tínhamos que cortar partes do roteiro e o orçamento. Steve, contudo, ficou resistente e achou que deveria ficar como estava. Segurei o fôlego e levei o enorme roteiro para o estúdio. O estúdio respondeu com firmeza: "De jeito nenhum."

A essa altura, estava se tornando extremamente difícil produzir esse filme. Mas, quando acredito em um projeto, comprometo-me completamente com ele. Independentemente de qualquer desafio para minha visão em relação a ele, seja tempo, economia, escala ou relevância, preciso vê-lo chegar até o final. Isso significou que tive que pegar esse roteiro pelo qual eu estava apaixonado, para um filme com que eu me importava profundamente e em que acreditava, e diminuir para um orçamento que o estúdio aprovaria. Quando todas as minhas opções tinham se esgotado, eu sabia que a única coisa que restava fazer era despedir o maior e mais talentoso roteirista da história moderna do cinema. Contei a Steve que teria que dispensá-lo. Não é de se surpreender que ele tenha ficado chateado comigo, e eu pensei que tivesse fechado aquela porta para sempre.

Encontrei um escritor, Terry George, que podia dirigir o filme também. Ele disse que conseguiria diminuir o roteiro para 110 páginas — que foi o que ele fez —, e o estúdio Universal Pictures (responsável perante o proprietário, a General Electric) finalmente sinalizou a aprovação. Eles concordaram em fazer o filme por um orçamento de US$80 milhões, pouco mais da metade da estimativa anterior. Infelizmente, para alcançar um custo mais baixo, teríamos que remover as cenas que seriam filmadas no sudeste da Ásia e, para mim, isso era um empecilho.

FRENTE A FRENTE

A viagem de Frank ao Delta do Mekong estava relacionada a apostas extremamente altas. O fato de ele ter entrado de forma destemida em uma situação tão perigosa em um terreno completamente desconhecido foi uma evidência nítida de sua vontade, tenacidade, de sua desenvoltura e seu desespero. A viagem era fundamental para o tema do filme e a autenticidade da história. Não havia como eu olhar Nick Pileggi nos olhos e dizer "Sim, acho que será ótimo", faltando essa parte crucial da vida de Frank. Nick confiou em mim porque tínhamos a mesma visão, e eu não ia quebrar essa confiança. Então, por mais que fosse difícil compreender nesse momento, decidi que teríamos que voltar para a prancheta. Avisei o estúdio que não poderia fazer o filme sem gravar as cenas da Ásia.

Eu precisava ter Steve de volta à produção. Ele entendeu a visão do filme. E seu trabalho era incomparável. Foram necessários muitos pedidos de desculpas e muitas súplicas, principalmente com o estúdio se recusando a aprovar o orçamento de que precisávamos, mas, no final, sua crença no projeto prevaleceu. Eu restabeleceria a confiança dele e, juntos, descobriríamos como resolver tudo isso.

Naquela época, contratei Antoine Fuqua, um elegante diretor comercial que tinha, recentemente, dirigido Denzel Washington em seu desempenho no filme *Dia de Treinamento*, que lhe rendeu um Oscar. Em minha mente, Denzel era a única pessoa que poderia interpretar o complexo e multidimensional Frank Lucas. Denzel ficou desconfiado e, porque ele confiava em Antoine e em mim (nós nos conhecemos quando ele estava estreando e era promissor, mas ainda não era um grande astro), ele disse "sim" para o papel. Com uma ressalva. Como era um homem de princípios, Denzel estabeleceu como condição para seu envolvimento no filme que incluíssemos as cenas de Frank indo para a prisão. Ele sentiu que o público deveria ver Frank pagando o preço por sua brutalidade e criminalidade. A prisão também é onde Frank encontra redenção, cooperando com as autoridades para ajudar a provocar a maior repressão contra a corrupção na história do Departamento de Polícia da cidade de Nova York.

O Gângster era um filme "de duas mãos", por assim dizer — o que significa que tinha dois papéis principais. Richie Roberts foi o promotor altamente moralista e determinado que, no final, derrubou Frank Lucas e, então, ironicamente, depois de abrir um escritório particular, foi contratado para ser o advogado de defesa de Lucas. Daí em diante, os dois se tornaram amigos. Eu tinha que trazer alguém tão talentoso quanto Denzel para interpretar Richie. Procurei Benicio del Toro para o papel. Aparentemente, Benicio não era a escolha mais óbvia (ele é porto-riquenho, e Richie é um judeu nova-iorquino), mas é um ator tão poderoso e convincente que pensei que ele era a escolha certa.

Agora eu estava produzindo o filme com Steve, Antoine e dois grandes astros. Tudo parecia estar se encaixando. Mas, então, a apenas quatro semanas do início das gravações, o estúdio demitiu Antoine repentinamente. Já tendo gasto US$35 milhões em pré-produção, incluindo figurino e acessórios para esse período, o Universal Pictures considerou Antoine financeiramente irresponsável. Eles não queriam ver quão altos seriam os custos quando a produção iniciasse. Então decidiram pausar a produção do filme e arcar com essa perda. Em choque, fui direto até o chefe do estúdio, que falou educadamente: "Brian, nós adoramos você, mas não pronuncie a palavra 'gângster' nunca mais para nós."

FRENTE A FRENTE

Naquela noite, a dor do desligamento realmente me atingiu. Eu amava tudo a respeito do filme — a época, a música, a criatividade de Frank, o tema universal sobre sobrevivência e sucesso apesar da baixa probabilidade. Eu adorava que era um filme simultaneamente sobre um gângster *e* sobre o sonho americano. Lidar com a realidade de que talvez ele não fosse feito foi difícil. Mas, na manhã seguinte, eu disse a mim mesmo enquanto tomava uma chuveirada: "Já fui muito afetado por essa história. Acredito nesse filme. Steve e Nick acreditam nesse filme, e eles estão contando comigo para fazê-lo. Hoje, vou recomeçar *O Gângster*. Não me importo com o que o estúdio fale. Vou encontrar as pessoas de quem preciso e convencê-las a fazer o filme." Eu não tinha ideia de como fazer isso, mas sabia que conseguiria. Vinte e dois anos antes, eu tinha sido persistente o suficiente para fazer *Splash*, um filme impossível sobre uma sereia. Eu não estava disposto a largar esse projeto tão facilmente.

Três semanas depois, aconteceu de eu estar em uma festa de Hollywood em que, por acaso, Ridley Scott também estava. Eu o vi do outro lado do salão e, imediatamente, fui até ele. Dessa vez eu parei, respirei fundo e foquei meus olhos diretamente nos dele. "Ridley, sei que você disse não para *O Gângster* muitas vezes no passado, mas, por favor, você daria mais uma olhada?" Para minha surpresa, ele aceitou. A maneira como ele me olhou me fez pensar que talvez as coisas seriam diferentes desta vez. Eu estava tão esperançoso que comecei a projetar isso. Era tudo em que eu conseguia pensar. "Quando Ridley vai ligar?"

Em uma semana, ele ligou e disse: "Estou dentro. Vou fazer o filme. Você acha que seu amigo Denzel vai voltar?"

Eu disse: "100% de chance." É claro que eu não sabia, mas tinha que dizer isso — e tinha que acreditar que ele voltaria.

Estava tudo dando certo. Imediatamente, fui me encontrar com Denzel. Ele respeitava o trabalho de Ridley e tinha tido uma experiência fantástica ao trabalhar com seu irmão falecido, Tony Scott. Mais importante do que isso, ele ainda acreditava na visão do filme.

Denzel estava de volta, mas eu ainda precisava de alguém para interpretar Richie Roberts, pois Benicio tinha se comprometido com outro filme. Quem mais tinha sua força criativa? Quando gravamos *Uma Mente Brilhante*, com Russell Crowe, desenvolvemos uma relação de sincero respeito mútuo. Eu sabia que ele ficaria incrível como Richie. Mas como convencê-lo a aceitar o papel era outra história. O papel de Richie Roberts em *O Gângster* não chegava aos pés de seu extraordinário papel principal em *Uma Mente Brilhante* ou em *Gladiador*.

Russell e eu nos encontramos para discutir o papel. Ele já tinha lido o roteiro, então me olhou e disse: "O personagem não está bem desenvolvido; não está lá ainda." Não fiquei surpreso; não só brilhante e erudito, Russell também é extremamente descolado. Eu sabia que ele estava sendo zeloso ao pressionar para fazer um filme melhor. Eu olhei de volta para ele e disse com convicção: "Vamos chegar lá. Vou me dedicar para isso acontecer. Confie em mim, vou usar todo meu tempo, minha energia e meus recursos para fazer isso dar certo com você e para cumprir essa promessa."

Compartilhei minha visão e crença na história e contei a Russell que Steve Zaillian trabalharia com ele para criar os diálogos e um personagem em que ele acreditasse pessoalmente. Eu estava pedindo a Russell que se arriscasse bastante ao se comprometer com um filme antes mesmo de o personagem ser aceito por ele. O fato de ele ter aceitado foi prova da confiança que ele tinha em mim, a qual eu tinha começado a construir durante nosso primeiro projeto juntos. Agora, Denzel e Russell, dois dos mais respeitados atores da indústria do cinema, estavam na lista dos papéis principais masculinos.

Quando pensei que estávamos prontos para começar a filmar, nos deparamos com mais um obstáculo. O estúdio tinha um comitê de aprovação que autorizou o orçamento para o filme sem negociação, algo que só acontece uma vez. Eles tinham aprovado uma nova iteração de *O Gângster* por US$112 milhões — mas Ridley Scott continuou insistindo que custaria US$120 milhões. Tínhamos chegado tão longe, então eu não ia deixar que uma pequena porcentagem do orçamento descarrilhasse todo o filme.

Convidei Ridley para ir até meu escritório e, quando esse diretor forte, destemido e intransigente (ele é conhecido como "o general" por uma razão) se sentou no sofá em forma de L, em vez de eu me sentar com ele no sofá, o que normalmente faria, eu me sentei na mesa de café bem na frente dele. Com nossos joelhos encostados, olhei para ele e disse: "Ridley, por favor me escute. O comitê de aprovação do estúdio somente nos permitirá começar se concordarmos com os US$112 milhões." Dessa vez, fui capaz de convencê-lo e ele aceitou. Finalmente estávamos dentro!

(Ironicamente, o filme custou, no final, US$120 milhões. Depois de concordar com os US$112 milhões iniciais, mais tarde, Ridley deu ao estúdio a opção de gravar cenas extras. Eles queriam aquelas cenas no filme e, então, concordaram com o orçamento maior. Engraçado como essas coisas dão certo às vezes.)

Como estávamos filmando em Manhattan, decidi me mudar com minha família para Nova York por um ano, com novas escolas e tudo mais. Eu produzi quase 100 filmes, até mais, e nunca havia feito isso por um projeto. Eu sabia que podia controlar melhor os filmes *não* fazendo isso. Mas esse era um projeto em que eu tinha um pacto com cinco pessoas que eram importantes para mim — Nick, Steve, Ridley, Denzel e Russell —, e eu honraria esse pacto. Estar presente em Nova York serviria como um lembrete do compromisso que todos tínhamos com *O Gângster*.

Fazer isso em Hollywood é como pilotar um monomotor Cessna em meio à fumaça. Nem sempre você consegue enxergar onde está, mas tem que seguir em frente se quiser um dia aterrissar com segurança. Ser um produtor está longe de ser uma arte simples ou uma ciência. Havia um milhão de razões por que *O Gângster* nunca deveria ter sido feito. Mas foi feito. Na verdade, recebeu muitas indicações e prêmios e, ainda, foi considerado um dos filmes de gângster de maior renda de todos os tempos.

Estou convencido de que a razão pela qual *O Gângster* existe é a conexão humana. Eu nunca teria conhecido Frank Lucas se não fosse pelo jantar no Rao's com meu amigo de longa data Nick Pileggi. E Frank nunca teria confiado em mim ou em Steve para contar sua história se ele não tivesse, primeiro, firmado essa confiança em Nick. Tenho certeza de que não teria conseguido com que Ridley dirigisse se não fosse pela boa vontade que desenvolvemos antes de qualquer filme e na confiança que ele tinha em Steve como roteirista. Denzel não teria sido atraído para o projeto se não tivesse confiança em mim e em Antoine. E assim em diante. Por meio da confiança um no outro e na crença firme em uma visão compartilhada, demos vida a *O Gângster,* apesar de todos os obstáculos que surgiram em nosso caminho.

FRENTE A FRENTE

De certa forma, não há nada comparado a fazer um filme. Mas, por outro lado, acho que é como qualquer outro grande empreendimento. Se o diretor de uma escola quer lançar um novo programa de liderança estudantil, ele deve "vender" sua visão para os alunos e professores, cuja colaboração é imprescindível. O gerente de produto de um novo aplicativo deve ser capaz de articular a visão do produto com paixão e convicção e, então, trabalhar de forma multifuncional com desenvolvedores, pessoal de finanças, marketing e vendas para entregá-lo. O dono de um restaurante só pode colocar em prática um novo conceito quando entender a história que quer contar.

Seja qual for o negócio em que você está, colocar uma ideia em prática geralmente requer o esforço de um grupo de pessoas. E os maiores esforços são realizados quando as pessoas nesse grupo confiam na visão e umas nas outras.

CAPÍTULO 6

O Que Seus Olhos Dizem?

*"Você é responsável pela energia que cria
para si mesmo; e você é responsável pela energia
que emana para os outros."*

— Oprah

A hierarquia estava viva e bem em Hollywood. O criador, produtor executivo ou idealizador (basicamente, o escritor principal) de um programa é a pessoa mais poderosa e valiosa no sistema de televisão. No cinema, é o produtor criativo, ou produtor, que nutre a ideia do filme e tem maior poder de decisão. Em qualquer negócio, você *começa* no final na cadeia alimentar — na sala de correspondências, pegando café no set de filmagem ou, como eu fiz, carregando papéis por toda a cidade para recolher assinaturas. Mesmo que você tenha um talento incrível para a escrita, raramente consegue adentrar a indústria. Você precisa abrir o próprio caminho até o topo e estar disposto a se dedicar. Com frequência, fazer um nome por conta própria requer paciência, persistência, sorte e um claro entendimento de quem está no comando.

Apesar dessa estrutura rígida e poderosa, há indivíduos que estão no nível mais baixo da hierarquia e que parecem ter uma capacidade única de fazer Hollywood prestar atenção. Eles não são produtores, diretores ou os melhores executivos na sala, mas, de alguma forma, são capazes de mostrar que o que eles falam tem importância. Alguns dirão que o ego desempenha um papel importante. Mas acredito que o contato visual é realmente a chave. Uma grande demonstração de ego pode ser facilmente confundida com arrogância e pretensão e pode afastar as pessoas. Ao contrário, o tipo certo de contato visual pode funcionar como um ímã, uma poderosa força de atração. É essencial para afirmar presença, projetar confiança, mostrar humanidade e se conectar com outras pessoas — todas qualidades que, em minha opinião, fazem uma pessoa se destacar como singular e digna de minha atenção.

Julie Oh é uma talentosa jovem executiva em nosso sistema POD de filmes (uma nova estrutura que criamos na Imagine para trabalhar contra a hierarquia arraigada e incentivar o espírito empreendedor) que apresenta exatamente essas caraterísticas quando me lança uma ideia. As ideias lançadas por ela são sempre apaixonadas e engajadas. Ela comunica sua decisão sobre um projeto com confiança e um olhar destemido e mantém os olhos fixos em mim durante a conversa, para que consiga perceber se estou entendendo. Se fico me mexendo na cadeira ou se pareço confuso ou pouco convencido, ela faz uma pausa para perguntar se tenho alguma dúvida ou algum comentário. Quando encontramos alguém como Julie, que tem (ou parece ter) confiança, somos naturalmente atraídos por sua energia e queremos escutar o que essa pessoa tem a dizer.

Muitas pessoas que conheci estando nas mais altas posições de poder dominam o contato visual de maneira tão distinta e hábil que eu acredito, absolutamente, que isso as ajudou a conquistar suas posições. Liderança nem sempre está relacionada a força, posição ou circunstância. Ser um grande líder começa por olhar as pessoas nos olhos. Afinal, se você não consegue se conectar com as pessoas, não pode convencê-las de suas crenças. Se você não consegue convencer as pessoas de suas crenças, elas não o seguirão. Se elas não o seguirem, você não pode se tornar um líder. Contato visual importa!

Em 2005, fui à Casa Branca para a estreia do filme *A Luta pela Esperança*. Apesar de ter estado na Casa Branca antes, esse foi meu primeiro encontro com o presidente George W. Bush. Eu não tinha ideia do que esperar. Ele sempre se mostrou simpático, com seu estilo texano fácil e sensível, mas eu não sabia o que isso representaria pessoalmente. Ele seria amigável ou educado por obrigação? Minha conversa com ele seria apenas formal, como com os outros políticos que encontrei ou conheci?

Os presidentes que conheci até hoje certamente me surpreenderam. Bill Clinton, por exemplo, realmente é tão carismático em pessoa quanto sua reputação sugere. Ele tem um jeito de fazer você se sentir destacado mesmo no meio de uma multidão. Quando o conheci, fiquei impressionado com a absoluta intensidade com que ele parecia estar focado apenas em mim. Ele olha diretamente para você, com os olhos concentrados em você, transmitindo todo o peso de seu interesse em você e somente em você. É como ser hipnotizado. Mesmo se você quisesse resistir, não teria chance nenhuma.

Barack Obama, com quem me encontrei pela primeira vez em seu escritório na capital dos Estados Unidos, Washington, exatamente no mesmo dia em que conheci George W. Bush, tinha um jeito de ser completamente diferente. Na época, como senador júnior de Illinois, ele ainda estava distante de todas as suas conquistas. Como nonagésimo nono na hierarquia como membro do partido minoritário, ele tinha o menor escritório, localizado bem longe do Senado. Ainda assim, dava pra sentir a energia, o propósito e a intensidade em seus olhos. Mesmo que seu escritório fosse o mais cheio de todos que eu já tinha visto — estava lotado de constituintes, pessoas espalhadas pelo corredor, carregando envelopes de papel pardo ou sacolas de mantimentos —, Obama pareceu muito presente em nossa conversa, completamente engajado de forma que parecia quase, mas não totalmente, relaxado. Eu podia sentir certa vantagem intencional. Não era bem um cálculo — ele não estava me avaliando —, mas uma leve e sutil cautela, talvez somente a consequência natural de sua posição como político.

Então, aqui estava eu, na Casa Branca, para me encontrar com George W. Bush. Quando trocamos um aperto de mão, fiquei atônito com quanto seus olhos eram cordiais e convidativos. Eles estavam totalmente em contato com os meus, não se apressando em desviar deles. Ele era o presidente dos Estados Unidos, o que significava que era extremamente ocupado. Ainda assim, seus olhos me sinalizaram que ele estava absolutamente presente naquele momento, esperando pacientemente para ouvir o que eu tinha a dizer. Ele se mostrou animado e totalmente despretensioso. Ele não estava avaliando o que eu sabia ou medindo minha importância. Não estava procurando obter alguma informação ou tentando cumprir uma agenda. Ele simplesmente estava... comigo, de uma maneira totalmente sincera.

Como ele tinha uma ligação afetiva muito grande com o Texas, conversamos sobre o programa *Friday Night Lights*, que filmei em Odessa, no Texas. Compartilhei com ele o que eu tinha aprendido a respeito da cultura, e ele dividiu comigo sua experiência de crescer ali. Enquanto conversávamos, Bush se posicionou ao meu lado, de forma que ficamos em pé com os ombros alinhados. Todas as vezes que eu me movia e me posicionava de frente para ele, imediatamente ele se virava para ficar perto de mim novamente. Então, com cuidado, ele encostou o ombro de leve em mim como que para dizer: "Brian, está tudo bem." Ele não fez isso com o objetivo de evitar olhar para mim — na verdade, virou sua cabeça para manter contato visual. Fiquei com a impressão de que, para ele, literalmente estar lado a lado era a maneira de se conectar de forma mais igualitária, mesmo sendo o presidente.

Embora possamos pensar que fazer contato visual é um comportamento metódico ou um hábito bom — um daqueles que todos podemos aprender —, nem todos os olhos se comunicam da mesma maneira. Cada um de nós tem um estilo próprio que nos identifica como seres únicos. Quase como uma impressão digital. A marca indelével de quem você é. Clinton, Obama e George W. Bush eram líderes mundiais, mas cada um tinha uma maneira própria de manter contato visual. Em cada caso, o modo como eles olham para você lhe diz algo sobre quem eles são ou quem querem ser como indivíduos e em seu relacionamento com outras pessoas.

Quando as pessoas olham você nos olhos, elas quase que instantaneamente decidem se querem ouvir o que você tem a dizer, se confiam em você para ser seu líder ou se querem conhecê-lo melhor. Então vale a pena refletir sobre o que seus olhos dizem. Eles estão transmitindo o que você quer transmitir? Se você é cordial e acolhedor, seus olhos transmitem isso? Leva mais tempo para as pessoas conhecerem você porque seus olhos dizem algo diferente do que você pretende? Se você não tem certeza do que seus olhos estão comunicando, pergunte a um membro da família ou a um amigo próximo como você se comporta. Em seguida, pratique e faça ajustes até que a mensagem que você está passando através dos olhos reflita quem você é, o que quer ser e como quer ser reconhecido no mundo.

Nós estávamos completamente envolvidos no elenco da minha série de televisão *Empire: Fama e Poder* — um programa repleto de drama, conflito, ostentação e uma música muito cativante — e procurando por "Cookie". Cookie Lyon é a esposa extremamente sincera do protagonista da série, Lucious Lyon, um ex-traficante de drogas que se tornou titã do hip-hop. A história de *Empire: Fama e Poder* é esta. Depois de passar 17 anos na prisão por levar a culpa no lugar de seu marido, Cookie é solta. Nada a impedirá de reivindicar sua metade do império multimilionário — um império que Lucious construiu na ausência dela, usando US$400 mil das drogas que ela vendeu antes de ser condenada. Enquanto isso, seus três filhos disputam o cargo de presidente da empresa, então declaram guerra um ao outro pelo controle do *império* — imagine o *Rei Lear,* de William Shakespeare, no mundo do hip-hop.

Como matriarca da família, Cookie é um personagem complexo que despedaça o estereótipo do que uma mulher negra ex-condenada deveria ser. Ela é uma a vigarista sem escrúpulos, mas tremendamente estilosa, com fé, humanidade e, por vezes, profunda compaixão. Ela é uma intensa, inteligente e amorosa força da natureza. Encantadoramente feroz e imperfeita. Quando estávamos entrevistando pessoas para interpretar o papel dela, procurávamos alguém que pudesse incorporar todas essas características. Queríamos alguém que tivesse força e condições para desafiar Lucious, mas que também tivesse uma feminilidade inteligente e ousada que o público não estava acostumado a ver. Após poucos minutos da audição de Taraji Henson, sabíamos que ela *era* Cookie. Imediatamente lhe oferecemos o papel.

Todavia, não conheci Taraji pessoalmente. Não de imediato nem por um bom tempo. Assisti a alguns dos diários de bordo — filmagens cruas e não editadas — do piloto e, por meio deles, eu simplesmente pude sentir a verdade e a potência de sua presença. Seus olhos grandes, castanhos e sensuais estavam ardendo em força e intensidade em um momento e pareciam gentis e preocupados no momento seguinte. Cookie estava sempre em movimento, criando algum tipo de drama ou situação, pulando de uma cena para outra com total facilidade. Sua energia tem uma qualidade explosiva que é absolutamente viciante de assistir. Sua boca "sem filtro" diz exatamente o que ela quer, não deixando espaço para mal-entendidos. No episódio piloto, Cookie sai da prisão vestida em um conjunto de leopardo maravilhoso e adentra os escritórios da gravadora Empire. Ela grita: "Vim aqui pegar o que é meu." Ela não precisa provar seu valor e exige respeito de todos em volta dela. Quando entra em um ambiente, você *sente* sua presença. Se você assistiu a *Empire: Fama e Poder*, sabe do que estou falando. Taraji incorpora Cookie de uma maneira que ninguém mais conseguiria.

Envolta em peles fabulosas e cheia de atitude, Taraji deu vida a Cookie de maneira muito mais expressiva do que a maneira como o personagem havia sido descrito. Ultrapassando os limites do programa, ela estava presente na mídia social e comemorou saindo em capas de revistas, em blogs e participando de programas de entrevista. As mulheres a admiravam. Ela é eloquente, esclarecida, sensata, bem-humorada, extremamente franca sem se desculpar — e feminista. Quero dizer, como não amá-la? A revista *Vibe* a descreveu como "intensa, afetuosa e extremamente poderosa. Seu guarda-roupa é repleto de peles, estampas de animais, ouro e brilhos. Depois de apenas um episódio de estreia, as mulheres estão perguntando como se parecer com Cookie."[15] Cookie tinha permeado a cultura.

Alguns meses depois da estreia do programa, Taraji e eu encontramos tempo para nos reunirmos. Eu estava entusiasmado e curioso para ver como ela seria pessoalmente. É raro conhecer atores cujo estilo e personalidade fora da tela se assemelham muito a seu estilo e personalidade dentro dela. Taraji era uma exceção a essa regra. Assim que a vi entrar na sala, soube imediatamente que ela *é* uma presença tão grande na vida real quanto seu personagem no programa. Talvez ainda mais. Ela irradiava um tipo de energia envolvente que atrai a atenção.

"Sou Brian", acho que disse. Honestamente, não sei o que eu disse. Ela transmite uma coragem inconfundível em seus olhos que quase me desequilibrou. Eu me peguei pensando em uma técnica que me ajuda a rapidamente me recompor. Tenho algumas dessas técnicas e, nessa situação especificamente, pensei em um elástico estalando em meu pulso. Essa visualização me traz de volta ao momento presente — eu a usei quando me encontrei com políticos poderosos e chefes de estado também. Isso me permitiu recuperar o equilíbrio para poder continuar nossa conversa.

Taraji é esperta, criativa e sociável, uma pessoa honesta que, como Cookie, não hesita em falar o que realmente pensa. Eu a vejo como alguém que nunca erra. E a acho muito espirituosa; ela é engraçada e divertida. Conseguimos estabelecer uma conexão real naquele dia que, desde então, evoluiu para o relacionamento excelente que temos hoje, baseado em confiança e respeito mútuos.

CAPÍTULO 7

É Universal

*"É isso que os contadores de histórias fazem.
Nós restauramos a ordem com imaginação.
Infundimos esperança repetidas vezes."*

— Walt Disney

"Conte-me uma história!" É uma frase que todos já dissemos na infância ou ouvimos dos filhos em algum momento de nossas vidas. As histórias são tão velhas quanto os desenhos em rochas do homem das cavernas e tão modernas quanto filmes como *Pantera Negra* e a franquia de *Star Wars*, que usam CGI de ponta (imagens geradas por computador) para criar novos mundos. As histórias tornam a vida infinitamente mais interessante. Por meio delas, podemos fingir ser outra pessoa ou fugir para algum lugar distante. Podemos até fazer o impossível, como se apaixonar por uma sereia ou viajar no tempo. As histórias contêm lições que abrem nossas mentes e nossos corações. Elas conferem plausabilidade a tudo, da crença e da ciência até o amor.[16] Nas histórias, encontramos significado.

Como seres humanos, somos criaturas sociais. E uma das ferramentas mais poderosas de conexão de que usufruímos é uma história bem contada. As histórias não apenas nos dão um motivo para interagir e se envolver com outras pessoas, mas também são um modo de aprendermos sobre nós mesmos, as outras pessoas e seus conhecimentos de mundo.

FRENTE A FRENTE

Compartilhamos histórias aonde quer que vamos, ao encontrarmos um amigo na rua ou reunidos na mesa de jantar. Nós nos lembramos das histórias e elas nos unem. Fico com uma profunda sensação de satisfação quando as pessoas me contam como uma história presente em um dos meus filmes ou em meu primeiro livro, *Uma Mente Curiosa*, ecoou na cabeça delas e as fez sentirem-se aceitas ou menos solitárias no mundo.

É claro que há, também, o outro lado disso. As histórias são subjetivas. Existem muitas maneiras de contar uma mesma história e infinitas histórias para serem contadas. Nem todos se comovem com uma mesma história e nem toda história fala por todas as pessoas. Esse é um dos maiores desafios da indústria do cinema, da televisão e de qualquer outro negócio que lida com histórias — porque as corporações que financiam conteúdo de mídia (quero dizer TV, filmes, vídeos, música e de outros tipos dirigidos ao consumidor), como a maioria das empresas, são avessas ao risco.

O resultado paradoxal desse conflito é que essas indústrias que trabalham com histórias são algumas das mais difíceis de se adentrar para um contador de histórias com uma visão original e criativa. O que leva ao ponto que quero abordar: se você quer ganhar a vida como um contador de histórias em Hollywood, você *deve* aprender a arte de apresentar uma ideia, argumentar. E essa arte tem tudo a ver com fazer conexões. Nenhum de meus filmes ou programas teriam sido realizados se eu não tivesse sido capaz de apresentá-los, argumentando com sucesso.

A reunião para apresentar uma história ou a argumentação sobre ela é um ritual por que todo escritor, desde o roteirista de um zilhão de dólares até o humilde ensaísta, mais cedo ou mais tarde terá que passar. É assim que funciona. Você inventa uma ideia para um filme ou um programa de TV e a apresenta a diferentes estúdios ou potenciais compradores, a fim de obter financiamento ou distribuição. É um ambiente cruel. Às vezes, os estúdios escutam de 30 a 40 apresentações por dia e selecionam, no máximo, uma ou duas. Conheço muito bem esse processo. Mesmo hoje em dia, continuo a apresentar histórias em que acredito. Juntando todos os meus sucessos, aguentei incontáveis rejeições ao longo dos anos.

Quando eu quis fazer *Splash,* fui rejeitado uma, duas vezes, depois tantas outras que parei mesmo de contar. *Ninguém* queria um filme sobre uma sereia. Eu saí, literalmente, de centenas de reuniões em que os executivos não apenas disseram "não", mas pareceram se esforçar para me humilhar ao apontar quão estúpida era a ideia. Apresentei *Splash* sem obter sucesso por sete (sim, *sete*) anos. Ilustrando a definição precisa de insanidade, continuei a apresentá-lo basicamente da mesma forma — afinal era um filme sobre uma sereia — só que esperando um resultado diferente.

Então, um dia tive uma conversa com um amigo que mudou tudo. Ele me perguntou como eu inventei a ideia de uma sereia se apaixonar por um cara comum e trabalhador de Long Island. Eu contei a ele que *Splash* foi inspirado em minha experiência pessoal de busca pelo amor em Los Angeles, um lugar onde tudo — incluindo os relacionamentos — parecia superficial. Comecei a fantasiar sobre como seria a garota dos meus sonhos... "E se ela fosse gentil e generosa? Como ela me olharia? Como isso me faria sentir?" Depois pensei em como nos conheceríamos e o que a tornaria inatingível. (Dar a ela um rabo de sereia parecia ser um obstáculo suficientemente grande.)

No meio de minha explicação, parei de falar. De repente, entendi o que eu estava fazendo errado em todas as apresentações — estava tentando vender aos executivos do estúdio uma história. Mas histórias, como expliquei, são subjetivas. Qualquer um pode argumentar contra determinada história por qualquer razão. É muito mais difícil recusar um tema universal, uma experiência ou um sentimento que quase todos os seres humanos conseguem imaginar. Com muita clareza, percebi que eu precisava reformular a argumentação de *Splash*.

Minha apresentação seguinte era com a Disney. Entrei e fiz tudo de forma diferente. Em vez de começar dizendo que era uma história sobre um homem que se apaixona por uma sereia, eu apresentei o filme como uma história sobre a universal busca pelo amor. Todas as pessoas, a certa altura, não sentem que encontrar o amor é mais difícil do que conhecer uma sereia? Algum dos executivos aqui na sala ousaria insistir em dizer que o amor não importa? Falei com a convicção de uma experiência pessoal com a qual qualquer outra pessoa na sala conseguia se identificar em algum nível. O estúdio finalmente comprou *Splash*. O público adorou e eu recebi minha primeira indicação ao Oscar por coescrever o roteiro.

Agora, quando argumento sobre uma ideia para um projeto de um filme ou programa de televisão, sempre começo por um tema universal e indiscutível, algo que é fundamental para a experiência humana. Meus protagonistas têm objetivos que todos nós, como espécie, queremos e apoiamos — coisas como amor, família, unidade, amor-próprio e sobrevivência diante de todas as dificuldades. Aqui estão alguns exemplos.

Genius é uma série de documentários com roteiro da National Geographic que dramatiza as histórias dos pensadores e inovadores mais reconhecidos do mundo. A primeira temporada do programa é sobre Albert Einstein. Aparentemente, estamos contando a história específica de uma única pessoa — um jovem rebelde, um estudante excepcional e pai desempregado que desvenda os mistérios do átomo e do universo. Mas a apresentação inicia com o tema central da história: a luta pela autorrealização e a coragem de desafiar o pensamento consolidado.

Uma Mente Brilhante, como mencionei em um capítulo anterior, contou a história de John Nash, um gênio esquizofrênico que venceu o prêmio Nobel em Matemática. Nash seria destruído por sua doença se o amor de sua esposa não o tivesse salvado. Mas aqui está um argumento: *Uma Mente Brilhante* é sobre quem é reconhecido como diferente. É sobre olhar por um ângulo mais relacionado à empatia e encontrar a humanidade compartilhada ali.

Parenthood, uma série de televisão que conta a história de três gerações de uma família — os Braverman — que mora em Berkeley, na Califórnia, é sobre as complexidades e idiossincrasias que existem em todas as famílias. Todos olhamos para a grama do vizinho pensando que a família dele é perfeita, mas o que percebemos é que, na realidade, nenhum deles é. De forma parecida, enquanto *Arrested Development* foca a disfuncional família Bluth, essa série também é, no fim das contas, uma celebração do amor entre os membros de uma família. Por mais imperfeitos que eles sejam, queremos vê-los permanecer unidos! Por quê? Porque isso nos faz sentir felizes e seguros.

Estou convencido de que essa abordagem de argumentação — procurar pelo traço humano em comum que liga a história e começando a apresentação falando disso — explica, em grande parte, minha capacidade de "vender" minhas ideias em um negócio ultracompetitivo e de grandes apostas que, geralmente, é cauteloso quando se trata de pensamentos fora do comum. Um tema universal aumenta a oportunidade de o espectador se conectar e se identificar com a narrativa e é, portanto, o elemento central na criação de um evento transcendente que transporta o espectador a um estado emocional elevado. É isso que os melhores filmes fazem e, quando isso acontece, reduz inerentemente os riscos para o investidor.

Quando você dá às pessoas um tema com que elas podem se identificar e em que podem acreditar, elas se sentem mais conectadas à história. Mas também é absolutamente fundamental que elas se sintam conectadas a você, a pessoa que está argumentando. Durante os muitos anos em que fiz isso, aprendi que começa com a atenção que você dá às pessoas e a conexão que faz com elas no momento em que entra na sala. Em vez de entrar recitando sua abertura da apresentação em sua cabeça ou mexendo em seu telefone, entre na sala aberto e ansioso por estabelecer um relacionamento.

A maioria das reuniões começa com uns poucos minutos de conversa fiada, mas todos já estivemos naquela situação embaraçosa em que uns poucos minutos ameaçam durar uma eternidade. A pessoa que está conduzindo a reunião não sabe quando ou como mudar o assunto e você consegue ver as outras pessoas ficando cada vez mais impacientes. Tente ficar à frente dessa impaciência. Não tenha medo de controlar a conversa. Você não quer levar mais tempo do que o necessário. Na verdade, sempre pergunto, de modo casual e despretensioso, quando as pessoas com quem estou me reunindo precisam ir embora.

Mesmo antes de começar a falar, permita que seus olhos iniciem a apresentação. Certifique-se de direcionar sua fala *para* a pessoa, olhando-a nos olhos. Se você está apresentando para mais de uma pessoa, que geralmente é o caso, olhe para ambas, alternando durante a fala. Se você foca apenas a pessoa mais importante na sala, provavelmente os outros não vão se sentir envolvidos. Considerando que a pessoa no comando certamente perguntará a opinião das outras pessoas na sala depois que você sair, manter todos engajados é altamente recomendável.

Todos já tivemos uma experiência extremamente desconfortável, em que as pessoas com quem conversávamos evitaram fazer contato visual conosco, olhando furtivamente para seus telefones ou olhando para alguém atrás de nós. Se você estiver atento a seu público durante toda a apresentação, conseguirá perceber os sinais de que está perdendo a atenção deles a tempo de recuperá-la. Pode ser necessário encurtar sua história para focar os pontos principais, ou interrompê-la por um momento para dar um rápido exemplo pessoal — "Por exemplo, ontem eu estava falando com minha filha e ela disse que algo similar aconteceu com ela e suas amigas…"

Esteja ciente de que pessoas diferentes reagirão à sua argumentação de maneiras e em tempos diferentes. Os olhos delas, sua linguagem corporal (concordando, sorrindo, dando risada), e suas palavras ("Isso é verdade!") lhe dirão se estão apoiando e quem está apoiando. Mais importante ainda, esses sinais lhe dirão quando o que você está falando está alcançando seus corações e suas mentes.

Ao ler o público durante toda a apresentação, eu trabalho para criar empolgação e impulso. Quando consigo perceber que todos "pegaram a ideia", eu a finalizo rapidamente. Sempre procuro deixá-los querendo mais. Não tento forçar uma decisão naquele momento ou apelar para estatísticas, a não ser que eles mesmos sigam essa direção. Se já tenho outros compradores interessados no filme ou programa, simplesmente digo: "Avisem-me assim que for possível." Depois saio.

FRENTE A FRENTE

Recentemente, estive trabalhando de perto com meu amigo Malcolm Gladwell em uma série de televisão baseada em seu livro mais vendido *Fora de Série*. O livro procura responder a estas questões: O que torna os grandes empreendedores diferentes? "Não é o mais brilhante deles que obtém êxito", escreve Gladwell. "O sucesso também não se resume simplesmente à soma das decisões e dos esforços que fazemos por nós mesmos. É, em vez disso, um dom. Pessoas fora de série são aquelas que tiveram oportunidades — e que tiveram força e presença de espírito para agarrá-las."

A mensagem do livro — encontrar oportunidades com trabalho árduo é mais importante do que a inteligência quando se trata de sucesso — ressoa em mim profunda e pessoalmente, e tenho me sentido entusiasmado a respeito da colaboração. Quando lanço alguma série de TV, não estou somente vendendo alguma coisa. Eu realmente acredito nela.

Recentemente, tive uma reunião para apresentar uma ideia a um tomador de decisão que eu respeito, mas que tenho dificuldade em "ler". Sua postura é quase rígida, e ele raramente dá sequer uma palavra para ajudar a desvendar o que ele está pensando. Desde o começo da reunião, eu estava desconfortável. A sala estava completamente silenciosa e a energia, completamente gasta. Não havia um zumbido para explorar ou ajudar a criar algo. Como eu deveria despertar empolgação para o projeto sob essas circunstâncias? Só havia um jeito de descobrir.

Eliminei todas as dúvidas e inibições que estava sentindo e me joguei em um caso apaixonado. Dei tudo de mim, apresentando meus argumentos com autenticidade e convicção. Perto do final, senti-me confiante de que tinha conseguido me conectar com todos na sala — ou melhor, quase todos. Naquele dia, saí da sala ainda incerto se tinha criado uma conexão com a pessoa cuja decisão era a mais importante. Fiel à regra, ele manteve o semblante mais impassível da indústria do cinema durante a apresentação.

Para minha surpresa, mais tarde naquela noite, recebi uma ligação rara do tomador de decisão. Ele queria me dizer quanto minha história o tinha afetado. Ao explorar minha paixão pelo projeto, consegui me conectar com a pessoa que eu conhecia apenas por ser desprovida de sentimentos. Ouvir que minha apresentação o tinha afetado em um nível tão profundo me fez muito bem. O que quer que ele havia decidido sobre a série, eu ainda me sentia vitorioso. A vida é sobre pessoas e, quando sinto que estou me conectando com alguém que respeito muito, importa tanto ou mais do que vender um projeto. E acho isso extremamente satisfatório.

CAPÍTULO 8

Aclamados

*"Coragem significa se levantar e falar;
coragem também significa sentar e escutar."*

— Winston Churchill

Todos já ouvimos alguém falar em alto e bom som para nós alguma vez: "O que você está olhando?" O fato é que nem todos querem ser olhados, ou olhados por determinada pessoa, ou olhados de certa maneira.

Quando estava na escola e ainda não entendia minha dificuldade de aprendizagem, eu era extremamente tímido. Não eram só os meus professores que eu não queria que olhassem para mim. Eu não queria que *ninguém* olhasse para mim. Se achasse que alguém estava me olhando ou pegasse alguém olhando em minha direção, eu ficava na defensiva e atacava. Isso levou a um grande número de brigas e me rendeu uma reputação de não levar desaforo para casa.

Consequentemente, parecia que sempre havia alguém querendo começar uma briga comigo. Quando eu tinha 14 anos, foi um garoto forte do Texas, Jack Jones, que me desafiou no meio da cantina, na frente de todos — o normal era nos encontrarmos nas quadras de handebol, onde pelo menos o público seria um pouco menor.

"Vamos fazer isso aqui agora mesmo, cara", falou ele, levantando-se.

FRENTE A FRENTE

Quando os outros alunos se viraram para me olhar, senti o calor subindo pelo meu corpo. Eu não queria brigar com Jack. Mas também não achava que tinha outra escolha. Se desistisse, os outros poderiam pensar que eu era um covarde. Se não desistisse, a chance de eu me dar mal era muito grande.

"Tudo bem", respondi. "Vamos nessa." E, de fato, me dei mal.

Agora que sou adulto, sei que, quando nos preocupamos com o que as pessoas pensam, abrimos mão de nosso poder e, às vezes, *não* se deixar levar pela ofensa ou raiva é a melhor maneira de expressar nossa força. Também fui capaz de me livrar da timidez que me causava sofrimento quando criança, o que é uma sorte, uma vez que hoje tenho uma carreira que me coloca em evidência quase todos os dias.

Hoje, se estou liderando uma apresentação, falando em alguma conferência, no set de um de meus filmes ou diante das câmeras, fico no centro das atenções, com todos os olhos voltados para mim. Há uma coisa que me fez ficar confortável nessa posição e, até mesmo, na maioria das vezes, desfrutar dela: criar intimidade com o público por meio da conexão. Mas como criar intimidade — um sentimento que é muito mais fácil de se conseguir frente a frente com alguém — com um público de dezenas, centenas ou até milhares de pessoas?

Em 2002, eu estava no almoço dos indicados ao Oscar no Beverly Hilton Hotel ao lado de Will Smith. Will tinha sido indicado por seu desempenho no filme de Michael Mann *Ali*, e Ron Howard e eu tínhamos sido indicados por *Uma Mente Brilhante* — Ron pelo prêmio de melhor diretor e nós dois pelo prêmio de melhor filme. O almoço era um evento estranho: era programado para ser informal e descontraído. Na realidade, era mais desconfortável do que os próprios prêmios.

ACLAMADOS

Pode ser que você imagine um salão de festas repleto de pessoas de Hollywood que se conhecem, todos conversando animados, trocando elogios e honrarias e, em geral, se divertindo. Mas, na verdade, é o oposto disso. Muitos de nós apenas se conhecem pela reputação e é mais do que intimidador ter a atenção de seus colegas mais respeitados voltada para você. Adicione a isso a consciência velada de competição (afinal, estamos lá competindo pelos mesmos prêmios!) e entenda que não é fácil. Eu estava um pouco nervoso só de estar no almoço, então não consegui deixar de notar quando Will Smith espontaneamente se levantou e encarou a salão.

"Olá a todos!", disse ele, abrindo um grande sorriso. "Isso não é maravilhoso?! Vocês não estão empolgados em estarem aqui?! É ótimo ver todos aqui!"

Naquele momento, uma única pessoa mudou toda a dinâmica do salão. Ao reconhecer nossa inquietação, Will se conectou comigo e com todas as pessoas que estavam no salão naquele almoço e que pensavam estarem sozinhas com seus desconfortos. Enquanto Will falava, todos rimos e batemos palma, espantando a tensão. Quando ele se sentou na cadeira novamente, a atmosfera do ambiente estava mais leve. Todos tinham se soltado. Mais do que as palavras de Will — na verdade, eu nem lembro bem o que ele disse —, foi sua natureza extrovertida e despreocupada que fez a diferença. Ele era muito ativo, a personificação da felicidade e autoconfiança. (Você jamais diria que ele não era o destaque naquele ano, com os filmes *Uma Mente Brilhante* e *Dia de Treinamento* como os favoritos para vencer e concorrendo com seu filme.)

Agora você deve estar pensando: "Bem, ele é Will Smith. É claro que ele parecia encantador e confiante." Mas eu conheço muitas celebridades — muito mais do que você pode imaginar

— que também parecem ser confiantes, mas ficam tímidas e desconfortáveis quando precisam falar em público ou diante de um grande público. Não tenho ideia de como Will estava se sentindo por dentro naquele momento, se estava confuso ou ansioso. O que sei é que havia poucas pessoas que teriam corrido esse risco que Will correu. Foi preciso coragem para tentar se conectar não somente com uma única pessoa, mas com um salão inteiro cheio de gente, não sabendo se as pessoas seriam receptivas.

Quando preciso falar em público, lembro-me de como Will se deixou levar no almoço e no modo como isso transformou a atmosfera do salão. Acho que todos conhecemos alguém assim: não necessariamente alguém famoso, mas alguém que, por qualquer razão, parece conseguir se manter o mais relaxado e natural possível. Ao se preparar para fazer um discurso, visualizar essa pessoa pode ser útil. Você pode até imaginá-la *enquanto* está falando. Em sua mente, enxergue como ela se posiciona, como se move, como o faz se sentir quando olha para você. Enquanto a imagina, não a imite, mas tente internalizar sua presença e torná-la sua.

Em 1996, nosso filme *Apollo 13* tinha sido indicado a um prêmio ao Oscar como melhor filme. Nas semanas que antecederam a cerimônia de premiação, muitas pessoas tinham me garantido que ele era o favorito entre os possíveis vencedores e, portanto, mesmo que eu não diga que "esperava" ganhar, com certeza senti que tínhamos uma boa chance de isso acontecer. Por precaução, tirei um tempo para planejar um discurso de vencedor.

Assim que me sentei no teatro na noite do Oscar, senti-me sobrecarregado. Embora não tivesse sido a primeira vez em que eu estivera lá, ainda estava preocupado por saber que estava rodeado por quase todas as pessoas importantes da indústria do cinema e por fazer parte de uma transmissão ao vivo que seria assistida por 35 milhões de telespectadores ao redor do mundo. Isso é um grande número de olhos! Minha pressão definitivamente subiu.

Tentei ficar calmo, mas, quando chegou o momento de anunciar o melhor filme — sempre o último prêmio da noite —, eu já estava sentado na ponta de meu assento, tremendo de nervoso. "Será? Vamos vencer o Oscar?" Sidney Poitier, sempre um orador extremamente elegante e deliberado, com uma enunciação extraordinariamente aguda, anunciaria o vencedor. Minha ansiedade estava nas alturas.

"E o Oscar de melhor filme vai para...", Sidney abriu o envelope. Enxerguei claramente sua boca se mexer para falar a letra B. Como é o produtor quem sobe no palco para receber o prêmio de melhor filme, eu imediatamente cheguei à conclusão de que ele iria falar meu nome. "Brian", pensei. "Vai para Brian Grazer!" Eu pulei animado de meu assento e comecei a andar em direção ao palco.

"*Coração Valente!*"

Parei no meio do caminho, não conseguia me mover. Meu corpo inteiro começou a suar. Tentei voltar sorrateiramente para meu assento — andando devagar para trás —, mas é claro que as pessoas estavam inclinando a cabeça para trás para me ver. A algumas fileiras de distância, o diretor do estúdio olhou para mim e fez sinal de positivo com o dedo, só que para baixo, o símbolo universal para "fracasso". Eu estava envergonhado! Caí de volta em meu assento e me afundei nele. Senti como se o mundo inteiro estivesse me encarando de muito perto.

FRENTE A FRENTE

Eu estava sentado no corredor. Ron, que dirigiu *Apollo 13*, estava sentado ao meu lado e, ao lado dele, estava Jim Lovell, o astronauta interpretado por Tom Hanks no filme. De repente, senti que Jim agarrou meu braço. Ele se inclinou por cima de Ron e me olhou nos olhos.

"Está tudo bem", disse ele. "Eu também nunca consegui chegar à Lua!" Foi uma coisa adorável de se dizer, e isso fez eu me sentir melhor. Isso trouxe de volta meu equilíbrio.

Anos depois, eu estava concorrendo a outro Oscar. Naquela noite, as coisas foram um pouco diferentes. Mesmo que as chances — novamente — pareciam a favor de *Uma Mente Brilhante*, eu não queria considerar nada como garantido. Eu tinha uma lista de nomes em meu bolso — de pessoas a quem eu queria agradecer se realmente vencêssemos — e alguns pequenos tópicos de minha fala, mas não mais do que isso. Acho que eu não queria atrair má sorte por estar preparado demais.

Os prêmios finalmente rolaram até chegar ao de melhor filme, e Tom Hanks entrou para apresentá-lo. Lá estava eu novamente em um estado de suspense. Mas, dessa vez, eu não mexi um músculo sequer. A câmera ao vivo focava cada um dos indicados por vez, à medida que seus nomes eram anunciados, então mantive um semblante calmo — bem, tão calmo quanto eu conseguia. Tom abriu o envelope. Então, ele disse: "O Oscar vai para *Uma Mente Brilhante*, dos produtores Brian Grazer e Ron Howard!" Com adrenalina circulando por todo meu corpo e todos comemorando, levantei-me e dei alguns passos à frente. Russell Crowe me abraçou e sussurrou algumas palavras de estímulo para mim.

Pode não ter parecido, mas, na verdade, quando subi ao palco, eu estava tremendo. Eu queria retribuir o amor de todos que tinham contribuído para o filme, então tirei um pedaço de papel de meu bolso e olhei para ele. No entanto, como todos já sabem agora, ler não é meu forte! Eu não conseguia focar. Pensamentos ansiosos passaram em minha mente. "E se eu tropeçar nas palavras ou falar demais e for cortado pela música?"

Naquele momento, olhei para cima e para a multidão. Meus olhos enxergaram cinco atrizes sentadas na fileira da frente: Angelina Jolie, Nicole Kidman, Renée Zellweger, Julia Roberts e Sandra Bullock. Suponho que isso soe como um quinteto imponente — cinco mulheres de talento, realizações e beleza extraordinários —, mas, por acaso, eu conhecia todas elas. E, ao olhar para elas, uma por vez, fui capaz de recuperar algum nível de controle. Assim como Jim Lovell esteve em meu momento menos triunfante, essas mulheres formidáveis — que também eram minhas amigas e colegas — estavam lá para me dar apoio. Enquanto eu me esforçava para manter minha lista de nomes no papel em ordem, conseguia vê-las torcendo por mim. Seus olhos diziam "Você consegue". Parei no meio de meu discurso e fiz um comentário improvisado.

"Estou *tão* nervoso", confessei para aquele mar de pessoas em minha frente. "Sei que é imperceptível."

Com certeza não era. O público riu e o ambiente se modificou. Isso quebrou o gelo completamente para mim. Se eu não tivesse sido capaz de me conectar com aqueles rostos familiares na fileira da frente, quem sabe como as coisas teriam terminado.

Naquela noite, usei um truque que já me ajudou em inúmeras outras situações em que tive que falar em público. Estreitei meu foco de um grupo enorme de pessoas para uma só pessoa — ou um grupo muito menor de pessoas, nesse caso. Isso me permitiu estabelecer uma conexão íntima sob circunstâncias que não eram nada íntimas. E essa conexão foi minha salvação. Essa abordagem pode soar simples, e minha experiência pode parecer um pouco exclusiva — nem todos têm a terrível sorte de ter que falar ao vivo na televisão —, mas o princípio é o mesmo, não importa quem você é ou em que situação está falando, seja em uma reunião para realizar uma venda ou em uma festa de aniversário.

Alguns meses atrás, Veronica e eu pedimos ao nosso filho de 14 anos, Patrick, para nos apresentar no prêmio do *World of Children*, onde estávamos sendo homenageados. Veja, Patrick é um garoto bastante equilibrado, e isso poderia não parecer óbvio para a maioria das pessoas, mas, como pais dele, conseguíamos perceber que ele estava nervoso. Essa seria a primeira vez que ele falaria em frente a uma multidão; e não seria pequena.

Na noite do evento, estávamos sentados em uma mesa bem na frente. Estava toda a família, incluindo sua tia e seu tio e muitos de nossos amigos. Percebi que a tinta nas anotações de Patrick tinha borrado por causa do suor em suas mãos. Então o ouvi sussurrar algo para Veronica. Ele queria saber se podia praticar com ela sua introdução em voz baixa mais uma vez. Sentados à mesa, os dois bloquearam o barulho em volta deles e conseguiram focar as palavras. Veronica lembrou Patrick de falar devagar, fazer pausas naturalmente e, o mais importante, olhar para cima e se conectar com o público. Ela lhe disse para encontrar nossos rostos na multidão, a fim de sentir que estávamos torcendo por ele.

O momento chegou e Patrick subiu no palanque. Ao ver ele parecer tão equilibrado em meu terno cinza claro e minha gravata *slim* favorita, comecei a chorar. Veronica e eu vimos ele respirar fundo e examinar as mesas da frente à nossa procura.

Assim que nossos olhos se encontraram, ele se sentiu seguro e começou a falar.

"Estou tão contente por meu pai e Veronica terem me pedido para subir aqui e dizer coisas lisonjeiras sobre eles... na frente de 300 pessoas!"

O público riu, e Patrick abriu um enorme sorriso.

Ele continuou a falar devagar e com firmeza, fazendo pausas, olhando para cima e sorrindo. Ele nasceu para isso!

Às vezes, você precisa falar em frente a um público que não envolve o tipo de conexão pessoal que encontrei no Oscar e que Patrick encontrou nesse jantar. Nesses casos, outro truque é *fingir* uma conexão com alguém do público. Você pode, por exemplo, focar as pessoas que estão bem na sua frente e imaginar que está falando somente com elas. Ou você pode se desafiar a encontrar um modo de atrair a atenção de determinada pessoa nesse grupo.

Há alguns anos, fui convidado para falar no Microsoft CEO Summit fora de Seattle. No público, estavam outros oradores convidados, inclusive Jeff Bezos, fundador e CEO da Amazon; Warren Buffett; Muhtar Kent, na época, CEO da Coca-Cola; Rex Tillerson, na época, CEO da ExxonMobil e ex-secretário de estado; e Bill Gates em pessoa. Essas pessoas eram, no mundo dos negócios, o equivalente à elite de Hollywood que eu tinha enfrentado no Oscar. E, mais uma vez, eu estava um pouco nervoso. Para piorar a situação, antes de eu subir no palco para discursar, alguém me alertou de que Gates estaria sentado na primeira fileira. Ele tinha o hábito, contaram-me, de checar o telefone durante esses discursos. Então, mesmo que estivesse acompanhando minha fala, para mim, pareceria que ele não estava prestando atenção. Eu não deveria me sentir ofendido e, sim, aceitar o fato de que ele era assim.

O desafio havia sido lançado. Se era tão difícil se conectar com Gates, eu estava determinado a conseguir. Mas como eu faria isso?

Conforme previsto, Gates estava sentado bem na minha frente. Em seu discurso, ele tinha mencionado que havia regiões do mundo onde grande parte da população ainda contraía poliomielite. Bem, eu aproveitei essa informação. Jonas Salk, que desenvolveu a primeira vacina contra a poliomielite, era um de meus heróis de infância, e conhecê-lo foi, até agora, um dos encontros mais importantes da minha vida. No palco com Arianna Huffington, fundadora e CEO da Thrive Global e fundadora do *Huffington Post*, entrevistando-me, decidi contar a história.

"Bill", comecei, "você mencionou a polio, e tenho que lhe dizer, Jonas Salk foi meu herói...".

Isso chamou a atenção dele. Ele olhou para cima; conquistei seu olhar. Mesmo estando em um grande palco falando para um grande público, era como se eu estivesse falando diretamente com Gates.

A história, que também descrevi em *Uma Mente Curiosa*, era esta:

Quando iniciei minhas conversas de curiosidade, Salk estava na pequena lista de pessoas com quem eu tinha um desejo enorme de conversar. Eu não era ninguém na época, e ele era o médico pesquisador mais famoso do mundo. Mas eu era persistente. Liguei e escrevi para sua secretária toda semana, independentemente de ter recebido uma resposta. Por fim, consegui uma brecha: ele contratou uma nova secretária. Ainda lembro o nome dela — Joan Abrahamson. Joan era nova. Ela ainda não tinha nenhuma razão para estar cansada de mim e de meus apelos desesperados para conseguir um horário com seu chefe. Continuei ligando e mandando recados até Joan me dizer que talvez eu conseguisse falar com Salk por alguns minutos — nada mais — depois de sua palestra no Hotel Beverly Hills.

Eu estava eufórico de tanta emoção e com medo de desperdiçar essa chance — de me atrasar, perder-me ou não conseguir encontrar a sala certa. Então, cheguei ao hotel com duas horas de antecedência. Depois de esperar por muito tempo, vi meu herói de infância atravessar o hall de entrada. Comecei a andar na direção dele. A cada passo que eu dava, meu pânico aumentava. Cheguei cada vez mais perto e, finalmente, fiquei frente a frente com ele. Então, quando estava prestes a apertar sua mão, vomitei nele. Eu quase desmaiei!

O Dr. Salk se ajoelhou ao meu lado para ver o que podia fazer — afinal, ele era médico. Ele segurou minha cabeça por trás e fez sinal para o garçom trazer um copo de suco de laranja para estabilizar meu açúcar no sangue. Ele pode ter sido o homem que curou a polio, mas se comportou como um médico comum naquele momento. Ele me olhou nos olhos — e, por mais que eu não estivesse no ângulo certo, consegui olhar para trás, nos olhos dele. Nós nos tornamos amigos e fomos amigos até o dia em que ele morreu.

Enquanto eu contava essa história, mantive meus olhos em Gates. E pude notar que ele não olhou para seu telefone nenhuma vez.

CAPÍTULO 9

Escute!

"Quando você fala, apenas repete o que já sabe. Mas, se você escuta, pode aprender algo novo."

— Dalai Lama

Eu tinha marcado de almoçar com meu velho amigo, Jimmy Iovine. Jimmy e eu nos conhecemos há muitos, muitos anos; na verdade, produzimos o filme *8 Mile* juntos. Jimmy é cocriador dos fones de ouvido Beats, junto com Dr. Dre, mas ele começou a carreira como engenheiro de áudio de John Lennon. Ele evoluiu e fundou a Interscope Records, onde assinou com U2, Tupac, Lady Gaga, Gwen Stefani, Eminem, 50 Cent e inúmeros outros cantores. Jimmy é um ícone nessa indústria. Ele é o tipo de cara que tem muito contato com a cultura e parece ter um insight nítido e original a respeito de praticamente tudo. Nós somos próximos, então nos encontramos sempre que podemos, e nossas conversas sempre têm conteúdo e são interessantes.

Um dia, combinamos de ir ao restaurante The Palm — um lugar onde acontecem muitos almoços de negócios em Beverly Hills e cujo proprietário é meu amigo Bruce Bozzi — e decidimos convidar Mark Wahlberg também. Eu também conhecia Mark há muito tempo — ofereci a ele seu primeiro papel principal como ator em um filme que produzi chamado *Medo*. Ele começou sua carreira de cantor com Jimmy na

Interscope — então todos se conheciam. Tinha tudo para ser uma tarde divertida.

Na manhã do nosso almoço, eu estava sentado na mesa de café da manhã quando meu telefone tocou. Era David Geffen. David é uma lenda sem precedentes em seus sucessos nas mais variadas áreas artísticas — música, cinema *e* Broadway.

"Brian, o que você está fazendo?", perguntou David. "Gostaria de almoçar comigo hoje?"

David era a pessoa que eu conhecia há mais tempo — 40 anos. Quando Ron Howard e eu produzimos nosso primeiro filme juntos, *Corretores do Amor*, David tinha oferecido um momento de aprovação poderoso ao se levantar em uma exibição lotada, com a equipe inteira de executivos e dois presidentes da Warner Brothers presentes, e declarar que tinha adorado o filme. Esse ato simples proporcionou ao filme e à minha carreira incipiente um grande empurrão.

"Vou almoçar com Jimmy e Mark Wahlberg", respondi. "Quer se juntar a nós?" David e Jimmy também eram amigos próximos.

"É claro", disse David. "Adorei a ideia." Alguns minutos depois, recebi uma mensagem de texto de Jimmy.

"Bono também vai."

Diferentemente dos outros caras que iam ao almoço, Bono não era alguém que eu conhecia bem, então eu estava empolgado em ter a chance de passar algumas horas na companhia dele.

O relógio marcava 13h quando David, Jimmy e eu chegamos ao The Palm primeiro. Estávamos sentados em uma mesa aconchegante, com sofá — minha predileta, na verdade. Em seguida, Mark e Bono chegaram e se espremeram conosco na mesa.

Essas mesas eram projetadas para quatro pessoas, então ficamos bem apertados. Inclusive, nossas pernas estavam grudadas. Isso tornou a reunião imediatamente mais íntima do que se estivéssemos todos espalhados em uma grande mesa. Era uma configuração bastante propícia para uma conversa agradável e uma conexão. Gostei disso.

Muitas vezes, quando estou conversando com pessoas realmente interessantes, sinto-me na obrigação de retribuir. É um hábito que tenho quando inicio uma conversa de curiosidade: não somente tirar, mas dar de volta alguma informação por meio de uma história ou um presente. Neste dia, decidi adotar uma abordagem diferente. Em vez de entrar de cabeça na conversa, concentrei-me em dar atenção total às pessoas com quem eu estava. Não fiquei mudo, mas também não senti necessidade de devolver uma história para cada história contada.

Eu estava especialmente interessado no que Bono tinha a dizer. Afinal, ele é uma das estrelas do rock mais talentosas do mundo, sem mencionar que é um humanitário dedicado, cujo trabalho tocou milhões de pessoas que vivem na extrema pobreza e com HIV/AIDS. Havia tanta coisa que eu queria lhe perguntar: "Qual é a visão singular dele sobre o mundo? O que é mais significativo para ele? Qual é a coisa mais importante para ele agora?" Mas eu não queria atrapalhar seu fluxo. Então me limitei a fazer duas perguntas e foquei transmitir meu desejo em saber mais através do meu olhar.

Embora eu soubesse um pouco sobre o trabalho de Bono na África e ao redor do mundo, ouvir ele falar sobre isso em primeira mão me proporcionou um entendimento novo e profundo sobre seu enorme alcance. "Uau", pensei comigo, "esse cara está trabalhando com um propósito maior, em outro nível e envolvido com todos esses governos para ajudar a aliviar a pobreza e a AIDS no mundo". Eu estava impressionado e comovido. Mais do que isso, estava inspirado.

Por meio de meus filmes e de atividades sem fins lucrativos, eu vinha fazendo um trabalho com propósito ousado há anos. Mas escutar Bono mexeu com inúmeras novas ideias sobre como eu poderia usar minha posição, meu talento e meus recursos para provocar mudanças positivas no mundo. Na verdade, aquele almoço foi uma das coisas que me ajudaram a inspirar meu último empreendimento — um acelerador de conteúdo global chamado Imagine Impact.

A dinâmica da Impact funciona da seguinte maneira: milhares de escritores do mundo todo se inscrevem para participar de um período de experiência, modelado com base no famoso acelerador Y Combinator no Vale do Silício, que fez investimentos semente em *startups* como Dropbox, Airbnb, Reddit, DoorDash e muitas outras. As 25 pessoas escolhidas para participar da dinâmica recebem orientação prática dos criadores mais brilhantes e talentosos do setor. Se conseguirem levar seus projetos até a reta final, eles ganham a oportunidade de apresentá-los a compradores de Hollywood. Godwin Jabangwe, um talentoso escritor do Zimbabwe que tinha US$12 em sua conta bancária, foi selecionado para a primeira turma da Impact. Ele apresentou sua ideia para um musical animado de aventura em família chamado *Tunga*, e se sucedeu uma guerra de ofertas de todos os lados. A Netflix venceu e comprou por US$350 mil. O musical foi inspirado na mitologia da cultura Shona do Zimbabwe, em que Godwin havia sido criado quando criança. Ele conta a história de uma jovem garota africana chamada Tunga, que, após a morte de seu pai, precisa se aventurar em uma cidade mítica perdida cujos anciãos espirituais podiam ensiná-la a invocar a chuva e a salvar sua vila de uma terrível seca.[17] A Impact não somente dá uma chance a escritores como Godwin de construir carreiras em um setor que é notoriamente difícil de entrar, mas também oferece ao público global a chance de ouvir vozes novas e importantes que, de outra forma, poderíamos perder.

Acordei naquela manhã com apenas um almoço simples em minha agenda. Nunca poderia ter previsto aonde isso me levaria ou o que inspiraria.

Às vezes, precisamos participar de forma igual de uma conversa para fazermos uma conexão significativa. Mas nem sempre. Ouvir pode ser tão poderoso quanto falar, se não mais, quando se trata de estabelecer um vínculo com outras pessoas. Quando estamos falando com alguém, geralmente gastamos mais tempo pensando no que vamos dizer em vez de prestar atenção naquilo que está sendo dito. Stephen Covey diz que: "A maioria das pessoas não escuta com a intenção de entender; elas escutam com a intenção de responder."[18] As pessoas se sentem valorizadas quando são ouvidas, o que gera sentimentos de confiança e respeito. Em troca, quando você mantém a atenção total nas pessoas e lhes demonstra que quer ouvir mais... elas geralmente lhe dão mais. Isso é especialmente importante quando você entra em conversas para as quais não está preparado ou quando quer se conectar com alguém cuja base de conhecimento é diferente da sua. Nós nos tornamos mais sábios e instruídos quando estamos dispostos a realmente prestar atenção. Bons ouvintes se dão oportunidades de entender os pontos de vista de outras pessoas e de ampliar os seus. Sem mencionar que é um diferencial; ótimos ouvintes não são tão comuns!

Em 2004, Ron Howard e eu compramos os direitos para fazer o filme do livro *O Código Da Vinci*. Mais ou menos nessa época, levei minha filha Sage para assistir a um show do Prince. Ele faria um show pequeno e privado em um lugar (hoje fechado) chamado Club Black, na parte baixa de Manhattan, e pensei que seria divertido para nós assistirmos juntos. Tinha me encontrado com Prince uma vez, rapidamente. Duvidava que ele soubesse quem eu era, muito menos que se lembrasse de mim.

Quando Sage e eu passamos pelos seguranças, entramos no clube, onde Prince estava em pé na porta cumprimentando as pessoas. Estávamos na fila, na frente de diversas celebridades que ele parecia conhecer e com quem imaginei que ele quisesse conversar. Achava que passaríamos por ele e receberíamos um "olá" superficial, mas, para minha total surpresa, ele realmente se lembrou de mim.

"Brian, olá", disse ele. "É bom ver você."

Como qualquer pai, acho, fiquei orgulhoso naquele momento. Queria impressionar Sage e, bem, o que poderia ser mais impressionante do que isso? Queria segurar a atenção de Prince, prolongar um pouco esse momento, então mantive o olhar nele. E funcionou.

"No que você está trabalhando?", perguntou ele.

Contei a ele que tinha acabado de optar pelos direitos de *O Código Da Vinci*. Por que não? Era um livro famoso, um gigante entre os mais vendidos.

"Sério?", falou ele. "Oh meu Deus, isso é maravilhoso. Eu adorei *O Código Da Vinci*!"

Posso não ter me lembrado disso na época — ou talvez eu não soubesse disso antes —, mas Prince era conhecido por ser religioso. Ele era, na verdade, um devoto Testemunha de Jeová. *O Código Da Vinci* está mergulhado em teorias alternativas da história religiosa sobre coisas como os reis merovíngios da França e um relacionamento conjugal entre Jesus e Maria Madalena. Li o livro antes de optar pelos direitos, então eu sabia um pouco sobre essas teorias, mas não tinha estudado com profundidade. Prince, por outro lado, parecia ser um especialista nisso tudo.

"Você leu *O Segredo dos Templários*?", perguntou-me ele. "Ou *The Woman with the Alabaster Jar*?"

Eu os tinha lido? Nunca tinha ouvido falar neles. Eu me senti um pouco como um estudante do ensino médio que acabou de ser questionado sobre algo para que não tinha estudado. Eu não queria bancar o bobo, mas também não mentiria.

"Não li", admiti.

Quanto mais tempo eu conseguisse manter a conversa, pensei, mais memorável esse dia será para minha filha. Então, dei a Prince a única coisa que eu tinha a oferecer nesse momento: minha atenção.

Mantive meus olhos focados nos dele e disse: "Fale-me sobre eles."

Eu não sabia nada sobre Pierre Plantard (um desenhista francês cujas teorias sobre os merovíngios foram refutadas) ou qualquer coisa sobre qualquer outro tópico de que Prince estava falando com tamanho domínio. No entanto, eu ainda estava conseguindo manter uma conexão. Com nada mais do que meus olhos e algumas palavras esporádicas de concordância, como "fascinante" e "conte-me mais", mantive Prince envolvido e a conversa fluindo. Podia sentir as pessoas atrás de

FRENTE A FRENTE

mim começando a ficar impacientes. Mas não liguei. Sage e eu ainda conversamos sobre aquela noite épica, em que um dos maiores artistas de todos os tempos passou quase dez minutos criando uma conexão comigo em uma conversa sobre teorias da conspiração!

CAPÍTULO 10

Adapte-se ou Morra

"Esvazie sua mente, seja maleável. Sem contornos, como a água. Se colocar água dentro de uma xícara, ela se torna a xícara. Coloque a água em uma garrafa, e ela se torna a garrafa. Coloque a água dentro de um bule de chá, e ela se torna o bule de chá. Agora, a água pode fluir ou pode se ajustar. Seja água, meu amigo."

— Bruce Lee

Talvez você tenha prometido parar de digitar enquanto dirige, mas não conseguiu resistir àquele último texto que fez você desviar e quase bater em outro carro. Talvez você tenha perdido a oportunidade de conhecer um novo amor porque estava no canto assistindo ao jogo, em vez de estar circulando pela festa de seu amigo. Ou talvez você tenha tido uma experiência constrangedora de ser chamado para responder a uma pergunta importante em uma reunião bem no momento em que estava perdido em pensamentos sobre os planos para o fim de semana. Se alguma dessas coisas já aconteceu com você, espero que tenha se recuperado com facilidade. A questão é que é fácil cometer alguns erros, se acidentar ou perder oportunidades quando estamos distraídos. Quando se trata de comunicação, se não estamos prestando atenção às pessoas à nossa volta — ou à nossa frente —, é provável que percamos informações cruciais, não entendamos as intenções e percamos oportunidades de ganhar ou manter a confiança e o respeito.

Se queremos ter o tipo de comunicação que leva a conexões significativas, é fundamental que estejamos alerta e totalmente focados. Para mim, o contato visual é a chave para estar presente. Quando me envolvo na conversa com os olhos, é menos provável que minha mente divague. Se uma conversa está fracassando — o que pode acontecer — e minha mente começa a pensar na pizza de rúcula do Jon e Vinny, redirecionar meus olhos para a pessoa com quem estou me puxa de volta para o momento presente e me equilibra.

O imperador romano Marco Aurélio, por vezes chamado de "o filósofo", era conhecido por sua habilidade em focar e evitar distrações. O conselho de Aurélio era que a melhor maneira de se concentrar é imaginar a tarefa em mãos como a última coisa que você fará na vida. Nenhum de nós quer que nosso último ato vivo seja descuidado ou nada significativo. Aurélio também acreditava que um simples mantra podia trazer foco; então é bom você pensar em criar algum só para você. Qualquer que seja o mantra que você escolha, dizê-lo a si mesmo antes de se encontrar com alguém, antes de um discurso ou de um projeto importante o ajudará a preparar sua mente para manter afastadas as distrações.

Em uma conversa, há um fluxo constante de informações, não verbais, que só podemos captar ao ler os olhos das pessoas, suas expressões e sua linguagem corporal. Portanto, quando estou dando a alguém minha total atenção, consigo absorver todos os dados que, de outra forma, não estariam disponíveis para mim. Ao olhar nos olhos das pessoas, consigo ter uma noção melhor de seu estado emocional. Consigo perceber, pelo brilho nos olhos delas, quando ficam entusiasmadas com minha pergunta ou interessadas no que estou dizendo. Consigo perceber, quando elas começam a desviar seus olhos dos meus, que estão desconfortáveis com o rumo que a conversa está tomando ou perdendo o interesse. Todas essas dicas me ajudam a guiar a conversa e a conexão.

Quando estou completamente atento, é provável que eu reconheça e aproveite melhor as oportunidades quando elas aparecem, seja uma chance de me envolver com alguém novo ou aprofundar um relacionamento com alguém que já conheço. Da mesma forma, quanto mais atento estou à pessoa à minha frente, melhor será minha reação e resposta quando a conversa começar a dar uma guinada inesperada ou quando a natureza da conexão que estamos criando começar a mudar. Isso acontece com mais frequência do que você pode imaginar. Durante o café da manhã, um sócio compartilha que não está feliz em seu relacionamento há um tempo. Durante uma reunião comum, uma colega de trabalho que você mal conhece revela que você sempre foi seu mentor de confiança.

Essa é uma das situações de que me lembro com clareza.

Depois de assistir a *O Homem que Queria ser Rei*, filme de John Huston baseado na história de aventura fantástica de Rudyard Kipling, fiquei curioso a respeito da sociedade ultrassecreta dos franco-maçons; os três personagens principais — Kipling, interpretado por Christopher Plummer, um estranho viajante, interpretado por Michael Caine, e Daniel Dravot, interpretado por Sean Connery — pertenciam a essa irmandade misteriosa, cujos membros, segundo rumores, pertencem a uma elite de grandes administradores que controla o mundo.[19] Eu queria saber mais sobre isso.

Existem muitas ordens e níveis diferentes de franco-maçonaria, sendo que a mais alta ordem é chamada de 33º grau do Rito Escocês.[20] Estava ansioso para conhecer dois homens — pai e filho, chefes regionais da organização no oeste dos Estados Unidos — para uma conversa de curiosidade. Foi preciso certo esforço, inclusive muitas cartas e muitos telefonemas para o escritório deles explicando minhas intenções, antes de eles, finalmente, concordarem em me encontrar.

Na data combinada para a reunião, dois senhores mais velhos, dignos, mas de aparência que não vale a descrição, chegaram a meu escritório. O homem que entendi ser o pai tinha aproximadamente 80 anos, e seu filho parecia estar perto dos 60. Eles falavam com sotaques fortes da Lituânia. Vestidos em seus ternos xadrez e gravata, eles pareciam elegantes de um modo que eu descreveria como anterior à Segunda Guerra Mundial. Na rua, eu os confundiria com joalheiros ou comerciantes de um distrito de diamantes. Ambos os homens eram gentis e despretensiosos.

Tinha presumido que meus convidados se aproximariam de mim com ceticismo e que ficariam na defensiva. Afinal, eles eram membros de uma sociedade secreta! Para minha surpresa, não foi isso que aconteceu. Eu os achei agradáveis e, aparentemente, à vontade comigo. Naquela época, se eu tivesse que adivinhar o porquê, provavelmente diria que, após me examinarem minuciosamente, talvez tenham percebido que eu tinha algo valioso para compartilhar com eles e que, pelo menos, eu não era uma ameaça.

Nós nos sentamos no sofá em meu escritório e começamos a conversar. Eu estava honrado com a presença deles e pronto para absorver qualquer coisa que eles estivessem dispostos a compartilhar. O pai explicou com orgulho que a franco-maçonaria (também chamada de "maçonaria") é a primeira e maior fraternidade do mundo, baseada na crença de que cada homem pode fazer a diferença no mundo. Até hoje, a ordem é (quase) exclusivamente masculina, e seu propósito aparente é tornar "homens melhores de homens bons".[21] Ele prosseguiu com a explicação de que eles acreditavam que há mais na vida do que prazer ou dinheiro e que eles se esforçam para viver com honra, integridade e valores filantrópicos. Intrigado, perguntei como a organização teve início.

O filho entrou na conversa e disse que a franco-maçonaria remonta a cerca de setecentos anos, tendo raízes nas fraternidades medievais de pedreiros.[22] Os maçons foram muito proeminentes no início da vida norte-americana — os revolucionários Alexander Hamilton e Paul Revere eram maçons, assim como os presidentes George Washington e Andrew Jackson. Na verdade, pelo menos 14 presidentes norte-americanos, inclusive Harry Truman e Gerald Ford, são maçons,[23] o que me surpreendeu. Nunca tendo sequer sido membro de uma fraternidade na universidade, fiquei fascinado com a ideia de essas pessoas historicamente ilustres se dedicarem a uma filosofia compartilhada e a um código de conduta tão coberto de mistério que a maioria das pessoas nem sabe que existe. O tempo voou enquanto pai e filho respondiam às minhas muitas perguntas, às vezes em detalhes fantásticos e, em outras, de forma pouco precisa — eles não estavam compartilhando *tudo*.

FRENTE A FRENTE

Depois de uma boa hora, o pai se virou para mim e disse: "Brian, você já considerou a ideia de se juntar a nós, ou seja, tornar-se um membro da maçonaria?" Naquele instante, a reunião, que havia começado como uma conversa de curiosidade, se transformou em algo bem diferente — uma proposta. Meus olhos se arregalaram de surpresa, como se eu tivesse acabado de receber um elogio inesperado. Eu não precisava falar uma palavra. Meu olhar e uma ligeira inclinação de cabeça comunicaram minha receptividade à ideia.

Ele continuou: "Bem, falamos sobre isso. E nós achamos que você é um excelente candidato. Só temos uma pergunta que gostaríamos de lhe fazer."

"Qual é?", perguntei. Embora estivesse tentando parecer normal, eu estava superanimado. Eu não podia acreditar que eles queriam que eu me tornasse membro da sociedade secreta deles!

"Nós precisamos saber se existe alguma maneira de você nos trair."

Fiquei um pouco assustado. Era uma pergunta pesada, com ressonância histórica. Há uma razão pela qual o processo de associação da maçonaria inclui o que eles chamam de "Terceiro Grau" (sim, é daí que vem a frase).[24] A traição não é algo estranho aos maçons, e eles já foram objeto de um grande número de teorias da conspiração. Foram perseguidos sob vários regimes comunistas e diretamente alvejados pelos nazistas.[25] Estima-se que entre 80 e 200 mil maçons foram mortos durante o holocausto.[26]

Imediatamente, reconheci uma mudança de tom em nossa conversa. O que antes havia sido uma troca fluída e sociável, agora assumia uma gravidade que exigia uma resposta mais precisa. Quando os maçons perguntaram se eu os trairia de alguma maneira, eles não estavam perguntando de forma leviana. Nem era mera formalidade. Era absolutamente necessário que eles soubessem minha resposta, e ela teria que ser 100% sincera.

Minha mente estava fervilhando. Eu me perguntei se *poderia* traí-los e como isso seria. Estava certo de que nunca violaria a confiança deles de forma explícita, mas os maçons têm um padrão de conduta muito rigoroso e a reputação de uma elite para proteger.[27] E se eu fizesse alguma besteira involuntariamente? "Isso talvez seja possível", pensei, "que eu pudesse fazer algo que eles considerassem como uma violação de seu código". Afinal, sou bastante espontâneo e gosto de humor e de uma quantidade razoável de conforto.

Enquanto pensava na situação, olhei rapidamente para os dois homens. Em seus olhos, encontrei confiança e bondade. Ao conhecê-los durante essa última hora, pude sentir que eram senhores de caráter. Eles tinham me dado total atenção, olhando para mim atentamente durante toda a conversa. Também foram ouvintes impecáveis, expressando apreço pelos temas recorrentes sobre coragem e empoderamento humanos em meu trabalho. Enfim, eles me trataram com máximo respeito. Eu queria retribuir isso e honrar a conexão que criamos. Mesmo que eu estivesse lisonjeado e tentado pelo convite para fazer parte de uma organização tão exclusiva, eu *sabia* o que tinha que dizer. Eu sabia, do fundo do coração, que meu interesse no grupo não estava totalmente alinhado com seu grande propósito. Ou com o *meu* grande propósito.

"Sinto muito", respondi. "Mas não posso fazer isso."

FRENTE A FRENTE

O pai olhou para mim surpreso. Ele ficou nitidamente perplexo com minha decisão. O filho, então, olhou para o pai para avaliar como ele deveria reagir, e ele seguiu o exemplo. Não foi exatamente um momento confortável para mim, mas eu sabia que era o certo a se fazer.

Se você é sincero, escuta ativamente e está presente com as pessoas com quem está frente a frente, um pacto se forma. Ao me convidar para ingressar na irmandade secreta, os maçons elevaram o nível desse pacto e mudaram a natureza da conversa — pelo menos para mim. Eu tinha vindo a esse encontro sem nada planejado além de aprender mais sobre eles e sobre sua organização. Os maçons, por outro lado, vieram com interesse em se conectar com pessoas poderosas das mais variadas áreas de atuação — política, educação, indústria, tecnologia e todas as artes. Para eles, foi uma chance de descobrir e, possivelmente, recrutar um novo membro.

Se eu não estivesse prestando atenção, eu poderia facilmente ter interpretado errado a seriedade de seu convite e tomado uma decisão impensada sobre algo de grande consequência. No entanto, porque eu estava atento desde o início, não apenas escutando, mas também pegando sinais não verbais, enxerguei a situação como ela era e fui capaz de me adaptar de acordo com ela.

Relembrando agora, algumas das questões que os maçons apresentaram podem ter me dado dicas sobre a direção em que as coisas estavam indo. Por exemplo, consigo entender agora que, quando eles perguntaram: "Brian, você acredita em Deus?", eles estavam avaliando se eu preenchia esse requisito de seu código. Contudo, o importante é que eu fiz o certo no final. Até hoje, não sei o que poderia ter acontecido se eu tivesse aceitado a oferta dos maçons e me tornado um membro — embora eu suspeite que eles teriam encontrado problemas em meu filme *O Código Da Vinci*, em virtude das teorias da conspiração que ele revive. O que sei é que nunca me arrependi da decisão de recusar a oferta.

CAPÍTULO 11

Curiosidade no Kremlin

"Alguém que nunca cometeu um erro nunca tentou algo novo."

— Albert Einstein

Trabalhei duro para fazer conexões e entender os sinais da conexão, mas, embora eu interprete as conexões e fique alerta aos sinais que as pessoas dão, também compartilho alguns bons contratempos que me sinalizam que sempre posso aprender mais. Todos podemos inverter as coisas de forma consciente ou não quando queremos que algo aconteça, racionalizando qualquer sinal que possa nos guiar a uma conclusão que não queremos ouvir. Isso aconteceu comigo há alguns anos.

Cresci durante a Guerra Fria. Na infância, entendi que os russos eram inimigos e defendiam tudo que era antiético aos valores democráticos fundamentais dos EUA. Temia que eles emergissem por detrás da "cortina de ferro" e destruíssem nosso modo de vida. Em virtude do modo como a União Soviética era estruturada e da falta de mídia independente, não havia realmente muita coisa que eu soubesse sobre a URSS fora aquilo que via nos filmes. Mas, como um garoto que estava atingindo a maioridade no final dos anos 1950 e começo dos anos 1960, eu não conseguia imaginar um lugar pior para se visitar. Ir à União Soviética parecia tão improvável quanto — na verdade, até mais — ir até a Lua.

FRENTE A FRENTE

Talvez eu somente seja atraído, como a maioria das pessoas é, a coisas que são proibidas e perigosas, mas, à medida que fui ficando mais velho, fiquei mais curioso em visitar a União Soviética. Contudo, apenas recentemente tive uma chance.

Desde que Vladimir Putin se tornou presidente da Rússia pela primeira vez, quis encontrá-lo para uma conversa de curiosidade. Claro, ele é um dos líderes mais temidos do mundo. Mas, sendo uma pessoa de enorme poder e influência (talvez sendo um pouco moderado), um emblema tanto da Rússia quanto da Guerra Fria e um ex-oficial do KGB, Putin me intriga. O que não significa dizer que concordo com os métodos ou as táticas dele, ou qualquer outra coisa em que ele acredita. Costumo ter conversas — planejadas — com pessoas cujas visões e cujos valores nem sempre estão alinhados com os meus. Estive com membros de cartéis e com a Yakuza (um sindicato transnacional do crime organizado de origem japonesa); estive com Fidel Castro e, também, Daryl Gates, o controverso ex-chefe do Departamento de Polícia de Los Angeles durante os distúrbios ocorridos na cidade. Nem todos que conheci são Jonas Salk. Meu objetivo é ampliar minha perspectiva e meu modo de ver o mundo, mesmo que fazer isso seja desconfortável.

Mas como planejar uma reunião com alguém como Vladimir Putin? Não dá para simplesmente pegar o telefone, ligar e convidar. Não parecia um plano muito realista conhecê-lo, então nunca realmente me dediquei a esse plano. Embora todas as vezes em que me perguntaram quem eu mais queria conhecer para ter uma conversa de curiosidade, eu respondi Putin. Aparentemente, a notícia sobre meu interesse passou adiante.

Alguns anos atrás, tive um jovem funcionário chamado Scott, um cara esperto, cujo pai, Steve, estava envolvido no mundo dos filmes assegurados. Assegurar um filme simplesmente garante que ele seja finalizado; é um tipo de seguro chamado de apólice. A empresa dele fez isso em todos os lugares que você pode imaginar, então eles tinham uma enorme rede de contatos ao redor do mundo. O pai de Scott vinha fazendo isso por décadas. Com base em nossas conversas enquanto trabalhamos juntos, Scott sabia que eu queria conhecer Putin e, meses depois que saiu do emprego na Imagine, ele me ligou.

"A equipe de Putin procurou os sócios da empresa do meu pai", disse ele. "Putin está interessado em conhecer você. Ele está disposto a conversar." Isso pareceu suspeito. Parecia muito improvável que o presidente russo tentasse proativamente ter uma conversa comigo.

"É sério?" Scott sempre quis me agradar, pensei comigo mesmo de forma quase cética. Mas a parte de mim que estava empolgada com essa situação inesperada racionalizou: eu não era mais seu chefe, então ele não tinha nenhuma verdadeira razão para me bajular. Então perguntei: "Como isso aconteceu? Como você ficou sabendo disso? Conte-me todos os detalhes."

"Meu pai me contou", respondeu ele. "Ele comentou com seu sócio, que, por acaso, é um oligarca russo, que você queria conhecer Putin e, assim como a informação se espalhou, ele voltou com a notícia de que Putin, na verdade, queria conhecer você."

Hmm.

Isso soou, em resumo, como a brincadeira telefone sem fio: quem sabia o que Putin tinha ouvido — isso se ele ouviu algo — e muito menos o que ele disse? Em uma sala de aula na escola primária, é assim que as coisas terminam sendo mal interpretadas. Imagine quanto problema poderia ocorrer entre Los Angeles e Moscou. Ainda assim, decidi me informar — para ver se, pelo menos, o convite era verdadeiro.

FRENTE A FRENTE

Por acaso, eu tinha outro amigo — um produtor — cuja família era, de forma similar, ligada a alguns russos influentes. Ele é um cara inteligente, cuidadoso e confiável, além de ser bastante perspicaz a respeito dessas coisas. Eu liguei para ele e lhe pedi para conferir essa informação para mim. Um pouco depois, ele me ligou de volta.

"É verdade", disse ele. "Isso é real."

"Bem, o que você quer dizer com 'real'?", perguntei.

"Quero dizer que conferi. Vi os e-mails e pesquisei as pessoas envolvidas." Geralmente, faço perguntas a questões complicadas rapidamente. Dessa vez, contudo, suprimi esse instinto e mantive viva a esperança daquele convite.

"Bem, gostaria de ver esses e-mails e ouvir mais sobre o que você descobriu", falei.

Queria saber se os e-mails eram legítimos e, com certeza, eles pareciam ser. Outro amigo meu russo confirmou que aqueles eram realmente endereços verdadeiros do governo e que os e-mails continham uma confirmação do convite para o encontro. "Tudo bem", pensei, "finalmente vou para a Rússia".

"Gostaria de ir com você", disse Scott. Considerando que foi ele quem trouxe essa oportunidade até mim, aceitei. Os russos tinham concordado em arcar com todas as minhas despesas e as de quem eu quisesse levar a Moscou, então não me custou nada levá-lo comigo. Agora, seria um pequeno grupo de pessoas (Scott e Steve) viajando comigo. Inclusive Veronica.

Duas semanas após isso, nós nos encontramos na sala da primeira classe da Lufthansa no Aeroporto Internacional de Los Angeles. Lá, havia um russo alto e muito forte que foi nos encontrar — nunca soube seu nome. Ele tinha o cabelo mais preto que eu já tinha visto. Parecia pintado, como se tivesse sido mergulhado em tinta. Havia outro cara, igualmente forte, chamado Huntington, que era norte-americano. Esses dois caras eram conhecidos por ter financiado filmes nos EUA e, de alguma forma, eram sócios de Steve. Mas não entendi por que eles iam viajar conosco. O que notei foi que o russo de cabelo preto, desde que nos encontrou na sala do aeroporto, estava transpirando. Muito! Ele tinha gotas de suor no lábio superior, o que me parecia estranho para um cara que tinha ficado parado durante a última meia hora. Geralmente, a transpiração inexplicável é um alerta para mim quando estou envolvido com alguém em algo muito importante — como me acompanhar em uma viagem à Rússia! Era ainda outra observação que aumentou meu sentimento de incerteza, a sensação de que eu poderia estar entrando em algo mais do que tinha negociado. Mas fechei os olhos para isso.

O voo foi tranquilo e sem paradas. Nós pousamos em Moscou e fomos levados pela alfândega — mal tivemos que exibir nossos passaportes —, depois fomos levados em carros da fabricante Rolls-Royce. Eles nos levaram ao Ararat Park Hyatt (originalmente, disseram que nos hospedariam no Ritz-Carlton; não sou exatamente paranoico, mas isso também foi algo que notei) e, depois, nos levaram para nosso itinerário. Naquela noite, um domingo, seríamos encaminhados a um tipo de cobertura, um elegante restaurante russo, para comer caviar e tomar champanhe. No dia seguinte, ao meio-dia, de acordo com Steve, que estava coordenando tudo com nossos anfitriões locais, deveríamos nos encontrar com o secretário de imprensa de Putin, Dmitry Peskov. E, na terça à tarde, às 15h, estávamos agendados para nos encontrar com Putin.

FRENTE A FRENTE

Tudo parecia bem. Mas eu ainda não conseguia entender exatamente por que Putin me convidaria para um encontro com ele. Mas, ao mesmo tempo, não houve sequer um líder ou chefe de estado que tenha se negado a me encontrar para uma conversa de curiosidade. Disse a mim mesmo que era possível que ele tivesse ouvido falar nessas conversas de curiosidade por outros líderes ao redor do mundo e quisesse ter uma também.

Comemos nosso caviar e tomamos nosso champanhe. De alguma forma, foi um pouco menos de caviar do que eu esperava. (Não sei por que isso me surpreendeu. Acho que eu estava atento até mesmo às menores discrepâncias, às leves diferenças entre o que foi prometido — nossos intérpretes fizeram soar como se fosse haver montanhas de coisas — e o que foi oferecido.) Mesmo que fosse estranho eles tentarem me seduzir com caviar quando já tinham me trazido até aqui, disse a mim mesmo para esquecer isso. Nós estávamos em Moscou e eu estava perto de conseguir o grande encontro.

Na manhã de segunda-feira, acordamos e fomos recebidos no hotel por outro grupo de russos. Um deles, muito vistoso e musculoso, estava vestido de preto da cabeça aos pés: calça e jaqueta de couro e botas de motociclista. Ele se parecia um pouco com Jean Reno em *O Profissional*: mal-humorado e forte.

"Este é Sergey. Brian, diga oi."

Eu disse "oi". Ele não disse uma palavra, apenas me olhou de cima a baixo muito deliberadamente e apertou minha mão. Depois se virou e saiu, deixando-nos ali.

"Quem era aquele?", perguntei ao pai de Scott.

"Aquele é um amigo muito próximo de Putin."

"Seu 'amigo próximo'?"

"Ele ensina artes marciais a Putin. Ele só precisava dar uma olhada em você."

"Bem, isso foi incomum", pensei comigo mesmo. E, novamente, fiz uma série de televisão inteira, chamada *Lie to Me*, sobre um fisionomista mundialmente famoso que estuda rostos para determinar se alguém está falando a verdade ou não. Então quem era eu para julgar? E, é claro, fazia sentido alguém como Putin querer que alguém de sua confiança desse uma checada em mim.

Lá fomos nós nos encontrar com Peskov no Kremlin, que não ficava muito longe do hotel. Uma vez lá, fomos avisados de que permitiriam que somente alguns de nós entrassem na reunião. Os outros russos que tinham aparecido naquela manhã foram embora. Justo. Esse não era um ambiente muito inclusivo e, de qualquer forma, eu não tinha ideia de quem eram aqueles caras. Scott, seu pai, os dois caras que se encontraram conosco no aeroporto — Huntington e o russo suado — e eu recebemos permissão para entrar na reunião com Peskov.

Dizer que o Kremlin é um lugar bastante tenso seria um eufemismo — afinal, a etimologia da palavra "kremlin" mostra que ela significa mesmo "fortaleza". Se você já esteve em uma excursão pela Casa Branca, sabe que é cerimoniosa, um lugar que inspira determinada restrição em forma de respeito, mas não tenso. Pelo menos não do jeito que o Kremlin nos fazia sentir. O sentimento era como estar no meio de um filme de espionagem dos anos 1970, lembrando *Três Dias do Condor* ou algo parecido.

Quando fomos conduzidos por um longo corredor, passamos por diversos rostos feitos de aço. Uma assistente, que eu não consegui descrever, também com rosto de aço nos conduziu a uma sala de espera pequena e vazia. Com apenas uma pequena mesa no canto e sem cadeiras o suficiente para todos, alguns de nós sentaram e o restante ficou em pé para esperar. Peskov estava atrasado. Nossa inquietação aumentou. Ninguém falava nada, apenas olhávamos nervosos uns para os outros, fingindo que isso era normal. Estava tão silencioso que eu pensei que pudesse ouvir o tique-taque do meu relógio. Huntington e o russo pareciam particularmente nervosos com a espera. Após exatos dez minutos, fomos direcionados ao escritório de Peskov. A assistente fez um gesto para nos sentarmos em volta de uma mesa de conferência, deixando a cadeira da ponta vazia para seu chefe.

Tentei manter tudo em perspectiva. Um amigo meu que tinha se encontrado com ele uma vez descreveu Peskov em termos que não me parecerem preocupantes. "Gosto muito dele. Ele é um cara legal", ele havia dito. Eu me sentei lá e me dispus a acreditar que o secretário de imprensa de Putin pudesse ser remotamente acessível! Finalmente, ele entrou. Ele era... não era exatamente o que eu chamaria de acolhedor.

"Sr. Peskov", falei, tentando dar algumas investidas e criar um ambiente mais relaxado e confortável, como geralmente faço em reuniões. "Meu bom amigo" — assim decidi falar — "queria que eu dissesse olá".

Peskov olhou para mim sem expressão nenhuma e consentiu. Nem mesmo uma pitada de emoção. Ele se sentou com as mãos entrelaçadas, cruzadas na frente dele. Ele era exatamente o que se esperava que o braço direito de Vladimir Putin fosse: impaciente e frio. Finalmente, ele foi direto ao assunto.

"O que você quer?" Sua voz ríspida cortou o ar denso como uma faca.

"Eu não 'quero' nada", respondi. "Pensei que isso tivesse sido arranjado por você."

Não falei mais nada. Deixei que as outras pessoas na sala, aquelas que realmente ajudaram a organizar essa reunião, respondessem. Talvez eles pudessem explicar por que estávamos ali e por que, surpreendentemente, parecia que Peskov não tinha ideia de qual era o motivo.

"Estamos aqui porque Brian ama nosso país", disse o russo, o homem alto com suor no lábio superior e com o cabelo pintado. "Ele gostaria de fazer um filme sobre nosso presidente. Ele fez *Uma Mente Brilhante*, que celebra as conquistas do matemático John Nash, e gostaria de fazer algo similar por nosso país. Ele sente como se, durante 20 anos, as pessoas do Ocidente tivessem sido enganadas a respeito do que acontece na Rússia, país que ele ama. Ele também acha que o governo norte-americano é um regime de marionetes."

Eu olhei bem para ele. Nenhuma dessas palavras era verdade (exceto pela parte sobre *Uma Mente Brilhante*. Eu tinha mesmo produzido esse filme, mas todas as outras palavras eram uma mentira descarada). Isso não apenas não era verdade, como fui bastante claro com todos os envolvidos sobre minhas intenções para essa viagem desde o início.

Ninguém mais na sala parecia estar entendendo o que estava acontecendo. Eu olhei para meus companheiros de viagem, mas eles pareciam dispostos a continuar com a ideia de que era esse o motivo pelo qual eu tinha vindo. Eu me virei para Peskov determinado a falar toda a verdade nessa reunião.

"Sinto muito", falei em um tom firme. Estendi a mão e agarrei o punho do russo suado, porém mantive os olhos focados em Peskov. "Isso absolutamente não é verdade. Não tenho nenhuma intenção de fazer um filme sobre o presidente Putin ou sobre a Rússia. Não faço filmes sobre políticos contemporâneos para começo de conversa. Nem mesmo conheço este homem que está falando!"

Quando Peskov olhou de volta para mim, finalmente pude perceber que ele sabia que o russo estava tentando enganá-lo e que eu estava dizendo a verdade. Ficou claro o suficiente que a reunião tinha sido armada sob falsos pretextos.

"Sinto muito", falei novamente. "Eu vim aqui simplesmente para me encontrar com o presidente e ter uma conversa sem nenhuma programação em mente, assim como fiz com Barack Obama, Ronald Reagan, Fidel Castro e Margaret Thatcher."

Ele balançou a cabeça. Sem chance de que a reunião aconteceria. Nem pensar.

"Olhe", continuei, "provavelmente, é melhor encerrarmos aqui. Não acho que faça mais sentido eu me encontrar com o presidente Putin".

"Correto", falou ele. "Isso está absolutamente correto."

Quando concluímos, o que me surpreendeu — me deixou pasmo, na verdade — é que parecia que todas as outras pessoas na sala estavam em alguma realidade alternativa, na qual a reunião havia sido um tremendo sucesso. "Que reunião maravilhosa!", falaram uns para os outros. Um deles — o cara com o lábio suado — de repente falou: "Brian, por que não tiramos uma foto de vocês dois juntos?"

"Não mesmo", pensei. Tudo que eu queria era sair dali. Olhei rapidamente para Peskov. Ele também não estava gostando da ideia.

"Sem fotos", disse ele de modo severo.

Nós apertamos as mãos. Ele mencionou que, se um dia eu quisesse mesmo fazer o filme, deveria procurá-lo.

Aquela reunião estava destinada ao fracasso. Nada permitiria que Peskov e eu conseguíssemos o que ambos queríamos. Eu queria uma conversa de curiosidade com o presidente russo. O secretário de imprensa, fazer seu trabalho — que, provavelmente, inclui proteger o presidente russo de reuniões vagas como aquela que eu estava propondo. Nossas vontades eram completamente incompatíveis, mutuamente excludentes na verdade, e nenhum contato visual intenso ou qualquer tipo de poder de persuasão mudaria isso.

Na maior parte do tempo, a tentativa de se conectar resulta em algo positivo. Mas nem todas as conexões funcionam da forma como esperamos. Quando estamos prestando atenção, conseguimos perceber precocemente os sinais dessas conexões falhas e nos prevenir de entrar em furadas como a que entrei na Rússia. O problema é que, quando queremos muito, mas muito mesmo, que algo aconteça, muitas vezes racionalizamos e contamos histórias a nós mesmos, a fim de justificar qualquer coisa que não esteja alinhada com a narrativa que desejamos. Relembrando cada passo (o que Veronica e eu fizemos em detalhes excruciantes durante o longo voo de volta para casa), percebi que fiz exatamente isso. Mas queria tanto me sentar com Putin para uma conversa de curiosidade que ignorei minha intuição "informada".

Se essa experiência tirou minha coragem de perseguir conexões intimidadoras ou desafiadoras? Nem um pouco. No entanto, na próxima vez, não vou ignorar quando parecer que a quantidade de caviar é muito pouca.

CAPÍTULO 12

O que Palavras não Podem Dizer

"Existe uma linguagem que vai além das palavras. Se eu conseguir aprender a decifrar essa linguagem sem palavras, serei capaz de decifrar o mundo."

— Paulo Coelho

Anos atrás, voei até Hong Kong para negócios e me peguei acordado, com insônia, no meio da noite. Um terrível *jet lag* era parte da causa. Mas eu também estava tendo dificuldade para "desligar" minha mente. Isso foi em 1989, quando Ron e eu estávamos prestes a abrir o capital de nossa empresa, a Imagine Entertainment. A oferta pública inicial sempre envolve certa ansiedade, e meu cérebro estava ocupado tentando processar tudo o que ainda precisávamos fazer. Uma de minhas preocupações era a necessidade de um espaço maior para o escritório em Los Angeles. Ao longo de dois anos, deixamos de ser uma empresa com 15 funcionários para ter 9 vezes mais do que isso — contadores, produtores executivos, um COO, um CFO, um diretor de negócios. Nosso escritório atual mal podia nos suportar, e eu sabia que a situação só ficaria pior.

Incapaz de pegar no sono, saí da cama e olhei pela janela do quarto do hotel. Em algum lugar lá fora, envolto em uma densa névoa, estava o porto natural Victoria Harbour. Enquanto eu olhava para fora, uma forma começou a emergir — um edifício imponente. Àquela hora e sob aquelas condições, tanto a base quanto o topo do edifício estavam obscurecidos, mas o meio dele se destacou, brilhando em meio ao nevoeiro. Era uma visão hipnótica e poderosa. Na manhã seguinte, após eu conseguir ter algumas horas de sono e a névoa se dissipar, olhei novamente pela janela. O edifício estava tão estonteante quanto eu me recordava. À luz do dia, pude reconhecer o estilo diferente do arquiteto I. M. Pei em ação. Também notei como o edifício dominava completamente o horizonte.

Mais tarde, no saguão principal, perguntei ao gerente do hotel sobre a construção.

"Aquela é a torre do Banco da China", contou-me ele. Hoje, é claro, o edifício é internacionalmente conhecido, mas, naquela época, tinha acabado de ser construído e ainda nem havia sido ocupado. "Todos em Hong Kong estão muito chateados com isso. Houve um enorme tumulto entre os donos e os proprietários dos edifícios vizinhos, especialmente entre os especialistas em feng shui."

"Feng shui" não era um termo muito conhecido nos Estados Unidos naquele tempo, e eu não tinha ideia do que o gerente estava falando.

"O que eles são?", perguntei. "Os especialistas em feng shui?"

Ele me explicou que eram consultores contratados rotineiramente por empresas, a fim de identificar os arranjos arquitetônicos e o design de interiores mais auspiciosos para uma construção: onde colocar portas, janelas e como harmonizar os móveis, coisas que envolvem confiança e circulação de dinheiro, e assim por diante. Não sei se sou uma pessoa supersticiosa, mas fiquei fascinado por esse conceito. Principalmente em virtude da minha preocupação com nossa procura por um espaço para o escritório.

Passei os dias seguintes de minha viagem questionando as pessoas sobre consultores de feng shui — quem eram os melhores e os mais requisitados em Hong Kong? Isso se tornou uma questão de curiosidade urgente para mim, que ultrapassou sua relevância para meu negócio. Estava morrendo de vontade de saber mais sobre essa ideia desconhecida.

Eventualmente, acabei encontrando o caminho até as pessoas que estava procurando — dois renomados irmãos e muito procurados por seu conhecimento em feng shui. Ter acesso a eles, especialmente sendo ocidental, era difícil e envolvia uma quantidade razoável de cerimônia. Eu estava ficando cada vez mais preocupado porque poderia não conseguir uma reunião com os consultores. Mas, então, no último dia de minha viagem, ela aconteceu.

Os dois irmãos me encontraram em meu quarto de hotel. Apresentei a eles um envelope que continha uma doação generosa; isso era um costume, e eles não olharam dentro do envelope. Assim como faço com qualquer outra conversa de curiosidade, tinha me preparado o melhor que pude para a reunião. No entanto, não falo cantonês e, embora eu tenha tido sorte de eles falarem inglês, seu domínio da língua não era bom. Tive que confiar em meus olhos para fazer a melhor parte da comunicação e prestei muita atenção aos deles também. Eu me inclinei e os observei de muito, muito perto enquanto conversávamos. Para melhorar minha habilidade, perguntei a eles o que faziam e como faziam. A competência deles ia além de escolher lugar para móveis, portas e janelas? Como eles sabiam o que fazer? Ainda me lembro de um dos irmãos ter comentado, em seu inglês cortado, mas estranhamente idiomático, que eles faziam isso em virtude de se sentirem "conectados à fonte".

Nós nos esforçamos muito durante a maior parte da conversa. Então, um pouco antes de terminarmos a reunião, um deles se inclinou e segurou meus pulsos. Ele estudou minhas mãos por um momento, depois meus braços. Em seguida, o outro irmão fez o mesmo.

"Você tem alguém em sua vida", perguntou o primeiro irmão, "com as iniciais Q e N?".

Pensei por um momento. Era um conjunto incomum de iniciais, mas eu dirigia uma empresa bastante grande e também tinha muitas outras pessoas em minha vida. Eu o olhei profundamente, quase como se fosse ver a imagem de uma pessoa em particular refletida em seus olhos.

"Não tenho certeza, mas devo ter", respondi. "Sim."

"Tome cuidado", disse ele. "Essa pessoa, Q. N., será muito perigosa para você em sua vida."

Instantaneamente acreditei nele. Eu podia sentir a credibilidade dessa informação sendo passada para mim através de seus olhos.

Eu os agradeci e segui direto para o aeroporto. Por todo o caminho até lá e durante todo o voo até Los Angeles, pensei a respeito das iniciais Q e N e do olhar nos olhos dos irmãos, que brilharam em forma de aviso e intenção.

De volta a Los Angeles, os problemas logísticos me aguardavam. Foi ótimo termos levantado uma boa parte do capital, mas nossa empresa ainda não tinha escritórios.

Fiquei emocionado quando, ao retornar, Robin Barris, uma de nossas executivas seniores, chamou-me de lado. "Encontramos algo. Quinn", disse ela, falando de um dos consultores que contratamos para ajudar a procurar pelos escritórios, "encontrou um ótimo lugar para nos mudarmos. É um contrato de dez anos para um espaço em Bel Air".

"Bel Air?" Parecia muito fora do caminho e muito residencial. A maioria dos escritórios de entretenimento em Los Angeles tende a ficar agrupados em um corredor nas proximidades de Wilshire Boulevard, em Beverly Hills, ou Santa Mônica.

"Como ele os encontrou?"

Robin explicou que Quinn (seu nome, é claro, se destacou imediatamente; seu sobrenome, de fato, também começava com um *N*) tinha ficado sabendo sobre o edifício por um parente.

"Você poderia investigar isso um pouco mais a fundo?" pedi a Robin. "Eu sei que você está dizendo que é um ótimo espaço, e dez anos é um prazo razoável para o contrato e tudo mais, mas é muito dinheiro por um espaço que não é nosso. Quem é o dono desse edifício?"

Eu poderia saber antes dela. As pessoas que receberiam os pagamentos pelo aluguel seriam ninguém menos do que Quinn e seu colega de faculdade, que tinha se tornado corretor de imóveis. Acontece que ficaríamos presos a esse aluguel por dez anos e, no final do prazo, *eles* seriam os donos do edifício. Escapamos por pouco de assinar os papéis.

"Livre-se de Quinn", falei para ela. "Não dê nenhuma explicação — apenas o dispense."

Ela o dispensou. Ele saiu sem argumentar. Ele sabia que havia sido descoberto.

FRENTE A FRENTE

Uma história como essa sempre parece estar repleta de coincidências. O aviso dos irmãos para mim não tinha sido específico, e havia outras pessoas com as iniciais Q. N. no mundo. Portanto, não vou discutir que havia alguma força divina ou mística em ação durante aquela reunião em Hong Kong. Mas eu acredito que a informação é transmitida — na verdade, eu *sei* que a informação é transmitida — de muitas, muitas formas que transcendem a verbal.

Afinal, é disso que trata a disciplina de feng shui, e foi disso que se tratou minha conversa com os dois homens também — que mal foi uma conversa em sentido convencional.

Nós conversamos por meio de palavras, mas, mais importante ainda, por meio de nossa atenção e intenção. Quem sabe o que foi "dito" com relação a isso? Acredito que eles me entenderam melhor do que muitas pessoas cujo inglês é fluente e com quem troquei diversas palavras.

Viajo bastante, tanto a trabalho quanto a lazer. Como aconteceu em Hong Kong, eu raramente conheço o idioma nativo dos lugares que visito. Quero dizer, tanto em termos de linguagem verbal quanto de linguagem não verbal. Em uma viagem a Israel, por exemplo, notei que, quando nosso guia israelense encontrou um amigo, ele deu um tapa em cada lado do rosto do homem com a mão firme. Enquanto os dois sorriam e pareciam apreciar uma conversa alta e animada, ele chacoalhou as bochechas de seu amigo para cima e para baixo. Falei para Veronica — mais de uma vez — que teria me sentido agredido se um amigo tivesse feito isso comigo.

Sabendo que diferentes culturas têm diferentes maneiras de usar o contato visual e a linguagem corporal para se comunicar, eu me esforço para ficar totalmente atento e sensível a essas informações quando estou em outro país. E tenho que ficar, se quero criar conexões fortes e significativas com as pessoas que conheço lá. Para mim, criar esses tipos de relacionamento é a parte mais importante da viagem.

Alguns anos atrás, Veronica e eu decidimos ir a Myanmar. Por anos, meu amigo Tom Freston, um dos fundadores da MTV e atual CEO da Viacom, vinha me falando que eu precisava ir até lá, mas Tom é o que eu chamo de viajante aventureiro. Ele sempre me convidava para ir com ele a lugares como Bagdá ou Kabul, que, apesar de certamente serem fascinantes, não são, necessariamente, onde eu escolheria passar as férias! Ainda assim, Tom sempre está por dentro quando se trata de lugares de beleza rara e não muito frequentados. E Myanmar ficou na minha mente.

Eu estava trabalhando no filme *Get On Up: A História de James Brown* com Mick Jagger, que também era produtor, e passamos bastante tempo juntos no set de filmagem em Natchez, no Mississippi. Um dia, perguntei a ele para onde ele mais gostava de ir nas férias. Afinal, Mick Jagger sabe como aproveitar a vida. Sem hesitar, ele respondeu: "Lago Inle, em Myanmar. Birmânia." Bem. Agora eram dois viajantes experientes e com gosto impecável me dizendo que esse era o lugar para se visitar. Acho que *tenho* que ir. Veronica, que também é uma aventureira (uma vez ela escalou o Monte Kilimanjaro porque teve vontade e estava mergulhando nas Filipinas sem um treinamento formal), amou a ideia. Ela agendou a viagem no dia seguinte, planejando tudo com uma agente de viagens local que conhecia muito bem a região e podia assegurar uma experiência verdadeira do lugar. Sempre consideramos isso muito importante em nossas viagens.

FRENTE A FRENTE

Quando pousamos em Yangon (anteriormente chamado de Rangoon), nossa guia veio a nosso encontro, uma maravilhosa e sábia mulher birmanesa que tinha em torno de 50 anos, chamada Kiki. Apenas recentemente aberto ao turismo, Myanmar não é um lugar fácil de se visitar. O país tem uma história política inconstante, repleta de horríveis abusos aos direitos humanos, regimes militares e supressão de seus eleitores. Kiki, soubemos mais tarde, tinha crescido em meio a essa turbulência e esse terror. Seu pai havia sido enviado para a prisão e ficou lá por anos. Ainda assim, ela via beleza nesse país que ela amava e, como guia, queria que os visitantes também experienciassem esse lado de sua terra natal.

Embarcamos em uma jornada de nove dias com Kiki, terminando com uma visita ao Lago Inle, nosso destino tão esperado. Um dos lagos mais maravilhosos do mundo, está situado em um vale entre duas cadeias de montanhas. Esse corpo d'água bruto e extenso parecia refletir a beleza ao redor como vidro. Formado por pequenos grupos de movimentados vilarejos sob palafitas e iluminado por templos budistas que emergem da água, o lugar era extraordinário. Disseram que a melhor maneira de conhecer o lago seria de canoa, então escolhemos viajar em uma versão esbelta de madeira e mais alongada, usada por habitantes locais.

Durante os três dias que ficamos no lago, vimos como os agricultores cultivavam os arrozais com búfalos asiáticos e como os residentes das aldeias flutuantes realizavam suas tarefas diárias. Os habitantes locais passavam por nós em barcos desgastados pelo tempo, vendendo estátuas de Buda esculpidas à mão, enfeites para turistas e laranjas cultivadas em jardins flutuantes próximos. Periodicamente, parávamos para explorar o vilarejo, onde visitávamos o mercado caótico dos agricultores ou conhecíamos uma indústria caseira. Jovens garotas e homens velhos enrolavam charutos de duas pontas (charutos finos) nas barracas e avós vendiam massa. Crianças pequenas se divertiam com um jogo de pauzinhos.

Uma mulher nos recebeu na oficina de criação de guarda-chuva de sua família. Ela nos explicou o processo complexo e trabalhoso de criar cada peça manualmente. Observamos atentamente como sua filha mais nova, que não tinha mais do que dez anos, fazia polpa de papel de uma amoreira, enquanto seu pai acionava um torno de pedal para moldar os cabos de madeira. A pequena garota colocou pétalas de flores em minhas mãos e me guiou até uma piscina de água, a fim de criar um desenho na polpa de papel molhado. Diferentes partes do produto final eram produzidas pelos diversos membros da família e montadas, no final, para criar os guarda-chuvas mais bonitos em um arco-íris de cores vibrantes, padrões e tamanhos. Fiquei emocionado, sabendo que estávamos testemunhando tradições e práticas culturais que vinham sendo transmitidas de geração em geração.

Em nossa última noite no Lago Inle, Veronica e eu saímos de canoa ao pôr do sol para experimentar o silêncio e o vazio desse lugar mágico. Nós nos recostamos e observamos as infinitas camadas de cores vermelha e dourado baixando na água. Eu estava emocionado pensando sobre tudo que tínhamos experienciado aqui. Vindos do mundo de Hollywood, onde as pessoas tendem a ter motivações complexas e, às vezes, questionáveis, fiquei encantado com a transparência e a naturalidade de nossas interações com os birmaneses.

Eu me lembro de uma manhã em que tínhamos parado para falar com uma mulher mais velha em um dos vilarejos. Ela estava nos olhando com um olhar amigável, mas curioso. Com a ajuda da tradução de Kiki e alguns sinais não verbais, rapidamente entendemos que eles raramente veem turistas ali; a mulher ficou encantada pelo cabelo loiro de Veronica. Embora fôssemos estranhos para ela, nos convidou para entrar em sua casa para compartilharmos um café da manhã tradicional de *mohinga*. O caldo à base de peixe com macarrão de arroz (e muitos condimentos ao lado!) era absolutamente delicioso, melhor ainda com a cordialidade de nossa anfitriã. Houve inúmeras histórias sobre conexões como essa. Dentre todas as conexões que fizemos, contudo, nenhuma foi tão especial quanto a que criamos com Kiki.

Por mais de uma semana, Kiki tinha viajado o país de barco, avião, trem e a pé conosco. Ela tinha estado conosco quando visitamos os monastérios budistas ao norte, um orfanato em um lugar distante no campo e um vilarejo remoto, onde eles ainda extraem água do poço da cidade. Ela facilitou trocas verdadeiras com habitantes locais e compartilhou sua perspectiva única conosco.

O governo birmanês é extremamente preocupado em relação a como seu país é apresentado aos estrangeiros. Então não é fácil tornar-se guia. Kiki teve que completar uma quantidade imensa de papéis e ser aprovada em inúmeros testes difíceis para conseguir realizar seu trabalho. Não é de se surpreender que ela fosse cuidadosa em sua narrativa histórica. Mas, quando compartilhou histórias pessoais, descrevendo sua família e sua conexão profunda com essa terra, Kiki realmente ganhou vida. Por meio das referências emocionais de Kiki, conseguimos experienciar o país de uma maneira que jamais esqueceremos.

Com a viagem chegando ao final, era hora de dizermos adeus à nossa querida guia e nova amiga. Em pé na pista, fiz um movimento a fim de dar um abraço em Kiki. Foi completamente por instinto, o tipo de gesto carinhoso que é regra para os norte-americanos. Para minha surpresa, ela se afastou. Mas ainda manteve os olhos fixos nos meus.

Eu recuei por respeito. "Sinto muito", comecei a dizer, mas ela me interrompeu e, com seu olhar aberto e compreensivo, disse: "Eu *sei*", indicando que estava tudo bem. "Eu sei."

Naquele momento, eu entendi: ela não estava recusando o afeto, somente o abraço. Kiki explicou que, em sua cultura, as pessoas não se abraçam. Em vez disso, em momentos de chegadas e partidas, momentos de conexão emocional, elas se olham nos olhos, porque os olhos, Kiki nos contou: "São a janela da alma." "Nós vemos tudo que precisamos saber", disse ela, "olhando nos olhos uns dos outros. Abraçar parece quase desonesto".

(Na verdade, há uma ciência por trás da ideia de que os olhos revelam a profundidade e a autenticidade das afeições. Foi um físico francês chamado Guillaume Duchenne que descobriu que os pés de galinha que acompanham um sorriso verdadeiro são controlados por músculos que não conseguem se mover voluntariamente. Somente um sorriso verdadeiro revelará os vincos em volta do canto dos olhos.)

A conversa com Kiki na pista foi comovente, não só porque significava o fim de umas férias inesperadamente significativas, mas também porque me introduziu a uma nova e profunda maneira de se conectar com outro ser humano. Assim que Veronica e eu nos acomodamos no avião, nos olhamos e, com lágrimas nos olhos, prometemos trazer nossa família a Myanmar.

E cumprimos essa promessa. No Natal seguinte, viajamos novamente para o Lago Inle com nossos filhos. Mais uma vez,

FRENTE A FRENTE

experienciamos o país de uma maneira profunda e bonita, só que, agora, foi ampliada pelo fato de que estávamos vendo através dos olhos de nossos filhos. Dessa vez, na partida, todos sabíamos. Não foi preciso dizer nada. Não daríamos abraços. Sabíamos que, para honrar a conexão com nossos anfitriões locais, devíamos demonstrar gratidão através de nossos olhos, as janelas de nossas almas.

CAPÍTULO 13

Onde a Vida Começa

"A vida vai mudar somente quando você se comprometer mais com seus sonhos do que com sua zona de conforto."

— Billy Cox

Minha esposa e eu temos dois adolescentes em casa e passamos a perceber que fazer uma refeição juntos é um dos únicos momentos em que temos a chance de realmente conversar com eles. Para manter esse momento sagrado, decidimos que precisávamos pensar em uma maneira de criar limites em relação a nossos dispositivos durante as refeições, então todos colocamos nossos telefones em uma cesta antes de comer. É melhor do que simplesmente deixar as telas viradas para baixo, porque a mera presença de um telefone perto de uma pessoa é uma distração por si só.[28] Essa prática nos libertou para ter conversas interessantes e esclarecedoras com as crianças, capazes de se estender para mais do que respostas de apenas uma sílaba! Também inspirou uma de nossas tradições de família preferidas.

Em uma tentativa de comemorar aniversários de maneira menos materialista que faria todos se sentirem valorizados pelos outros membros da família, inventamos uma atividade. Todos têm que fazer um brinde para a pessoa que está fazendo aniversário, olhando-a nos olhos, cada um na sua vez, completando a volta na mesa. Se essa pessoa está sentada no lugar mais distante de você na mesa ou se você não consegue olhar diretamente para ela, você precisa se levantar para fazer isso. Como pode imaginar, as crianças odiaram a ideia no começo. Patrick e Thomas se encolhiam em suas cadeiras para evitar serem os próximos. Mas, aos poucos, eles ficaram muito bons nisso. Hoje em dia, todos levantam as mãos para falarem primeiro!

Ensinamos às crianças que o brinde e o discurso mais fáceis não são aqueles compostos de um monte de adjetivos genéricos "legais", mas, sim, aqueles que vêm do fundo do coração. Nós os incentivamos a compartilhar uma história sobre a pessoa, uma lembrança que os faria se sentirem bem. ("Sim! Eu quase morri quando Riley se levantou e dançou com os moradores locais!" ou "Lembra quando estávamos acampando e Sage teve febre? Patrick não largou a mão dela a noite toda!") Eles adoraram ver como seus brindes podiam fazer a família rir, chorar e receber agradecimentos. Esse ritual levou a alguns de nossos momentos mais memoráveis em família. Sem contar que as crianças ficaram muito boas em falar em público!

Quando estávamos em um barco para umas férias em família cerca de dois verões atrás e aconteceu de cair no dia dos pais, as crianças prepararam brindes para mim. Veronica gosta de criar temas e pediu a eles para se concentrarem em algo que lhes ensinei e de que eles se lembram até hoje. Minha filha, Sage, agora com 31 anos, se lembrou de uma vez em que lhe ensinei sobre a importância de romper sua zona de conforto. Ela disse que essa foi uma das coisas que a fez ser corajosa o bastante para abandonar sua carreira de quatro anos em fotografia e seguir o sonho de se tornar psicoterapeuta (que ela é hoje); isso me fez chorar. E fez com que eu me sentisse incrível por saber que tinha empoderado meus filhos a sair de suas zonas de conforto, pois acredito realmente que é quando os momentos mais memoráveis de nossas vidas podem acontecer.

Muitos anos atrás, recebi uma ligação do meu grande amigo Tom Freston, aquele que mencionei anteriormente que tinha me recomendado que visitássemos Myanmar. Tom me convidou para uma viagem de última hora ao Senegal, com um grupo que incluía o cantor Dave Matthews e o vocalista e guitarrista da banda *Phish*, Trey Anastasio. Havia dois motivos para a viagem: um concerto de reunião da Orquestra Baobab, mestres da música africana e afro-cubana que dominaram o cenário musical no Senegal nos anos 1970, e um concerto privado com Baaba Maal, um músico notável e contemporâneo viajante do mundo que se tornou um herói africano nos anos 1980, quando seu som o fez ser conhecido do público internacional.

Com certeza seria uma aventura emocionante. Mas eu não estava certo disso. Se eu fosse, teria que cancelar toda minha agenda da semana sem aviso prévio. Significaria um dia inteiro de viagem até o outro lado do mundo. E, uma vez lá, passaria todos os dias na companhia de um grupo de caras que, fora Tom, nunca tinha visto antes. Havia muitas incógnitas e inconveniências para se considerar. Eu poderia facilmente ter dito "não" por um bom motivo. Mas não disse. Eu disse sim. Estava curioso a respeito do país, da cultura, das pessoas, dos caras que estavam indo e daqueles músicos talentosos que tinham atraído tanta atenção. Eu estava saindo da minha zona de conforto, mas pensei que valeria a pena.

FRENTE A FRENTE

Assim que pousamos em Dakar, largamos nossas bagagens no hotel e partimos para a cidade. Estávamos todos ansiosos e empolgados para conhecer esse lugar exótico e encantador. A primeira parada foi o maior mercado de Dakar, Sandaga. Animado e movimentado, era repleto de barracas vendendo tudo o que você poderia imaginar, de máscaras e esculturas africanas a tecidos e frutas exóticas. A influência dos colonizadores franceses no Senegal também se destacava. Alguns dos lugares com certeza eram para turistas, mas nós gostávamos de nos misturar com os senegaleses locais, para ver como era a rotina deles. Observamos enquanto homens de negócio, em seus ternos, se ajoelhavam no meio da rua para rezar e conversamos com uma mulher que nos convenceu a experimentar uma comida muito popular de uma rua chamada *accra*. Os bolinhos crocantes de feijão-fradinho, servidos com um molho de pimenta chamado *kaani*, feito com tomate e cebola, fizeram-me lembrar os bolinhos de fubá fritos do sul. Deliciosos!

Na manhã seguinte, fomos nos aventurar fora da cidade para conhecer o Lago Retba, também chamado de Lac Rose (Lago Rosa), um corpo d'água que fica entre dunas de areia branca e o Oceano Atlântico. É uma visão deslumbrante e memorável: um tom brilhante de rosa que tem essa cor por causa de algas. Quando descemos do caminhão, dezenas de crianças do vilarejo correram até nós e agarraram nossas mãos. Elas nos guiaram até a praia enquanto seus pais trabalhavam para retirar sal do lago com pás e paus e suas mães esperavam em terra firme para ajudar a transportar os baldes cheios do barco para a terra. Essa indústria básica traria renda para as famílias de países vizinhos, como Mali, Costa do Marfim e Guiné.[29] Naquela tarde, viajamos até a Ilha de Gorée, um Patrimônio Mundial da Unesco que já foi o maior centro de comércio de escravizados da costa africana. G. W. Bush, Clinton e Obama fizeram a peregrinação aqui, assim como Nelson Mandela. Era um lembrete sombrio da história profunda e complexa do lugar onde estávamos.

À noite, aconteceria a primeira das duas experiências musicais mais inspiradoras que tive em minha vida. Baaba Maal estava se apresentando para a aristocracia senegalesa, e nós tivemos a sorte de estar entre seus convidados. Sentados no chão com outros 75 convidados, vimos três cantoras sacerdotisas aparecerem em seus longos, esvoaçantes e coloridos vestidos senegaleses. Seus movimentos quase imperceptíveis, em câmera lenta, que gradualmente ganharam velocidade ao longo da apresentação, eram quase hipnóticos. Nesse momento, Baaba Maal em pessoa entrou vestindo uma magnífica túnica vermelha, fazendo uma aparição meio dramática. Em vez de um grande primeiro número, ele começou com uma peça delicada e comovente, nos surpreendendo com explosões de poder repentinas. Ele é um artista de tirar o fôlego e levou o público ao êxtase seguidas vezes. Essa experiência de três horas culminou em um ato final de uma energia poderosa que me deixou em um estado de completa euforia.

Quando o concerto terminou, altas horas da madrugada, seguimos para um banquete com uma cabra recém-abatida, uma tradição cultural que eles estavam orgulhosos em compartilhar conosco. Lá, conheci Baaba; ele era tão carismático e exuberante quanto se imaginaria que fosse após assistir à sua apresentação. Ao mesmo tempo, era calmo e atencioso ao falar do lugar de onde veio: ele cresceu perto de um rio, em um vilarejo rural chamado Djoum, como parte dos fulânis, um povo seminômade.[30] Tendo passado a vida na estrada como músico, falou da sensação de voltar para casa e de como não há nada como isso. Ele disse: "Você se dá conta de que ainda é você mesmo", mas com novas conexões e experiências que se tornam parte de você. Eu certamente me identifiquei com o que ele disse.

Na noite seguinte, fomos à reunião da famosa Orquestra Baobab. O concerto foi em um ponto de encontro local nos arredores de Dakar, a mais de uma hora de carro de nosso hotel. Estava tão escuro que parecia que estávamos no meio da noite enquanto dirigíamos até lá. Quando chegamos, o lugar estava lotado e quente, todos em pé grudados uns nos outros. Abri espaço pela plateia para ir até o palco e ver de perto quem estava por trás daquele som incrível, uma fusão de ritmos afro-cubanos e música tradicional africana que poderia facilmente ser confundido com o som de Buena Vista Social Club. Enquanto os vocais, as baterias, os congas e o baixo incríveis da banda tocavam em um volume quase ensurdecedor, todas as pessoas se balançavam em uníssono. Eu me senti completamente imerso naquele momento, não me importando com nada além da batida da música pulsando pelo meu corpo. Era surreal se sentir tão conectado com uma multidão de estranhos em um lugar tão longe de casa. No entanto, de alguma forma, todos entendemos o sentimento universal que resulta da experiência de sentir a música juntos.

Sair de sua zona de conforto pode levar às conexões mais inesperadamente belas de nossas vidas. Na verdade, o que descobri ao longo dos anos é que, se não me arrisco para fazer conexões, perco possibilidades que podem gerar grandes recompensas internas e externas. Se *não* saio de minha zona de conforto — quantas vezes for possível —, não me permito ter oportunidades de aprender, crescer e ver o mundo de forma diferente, através dos olhos de outras pessoas. Sair de sua zona de conforto significa correr riscos. E, às vezes, por qualquer que seja o motivo, o risco não compensa. Mas, em minha experiência, quase todas as vezes, ele compensa. Descobri que estar disposto a sair de sua zona de conforto é onde a vida realmente começa.

CAPÍTULO 14

Aventurando-se em Novos Mundos

"A palavra em sânscrito namastê significa 'o espírito em mim saúda o espírito em você'. Sempre que fizer contato visual com outra pessoa, diga 'namastê' em silêncio para si mesmo. Essa é uma maneira de reconhecer que estar lá é o mesmo que estar aqui."

— Deepak Chopra

Por ter crescido nas planícies do bairro Sherman Oaks (conhecido como "The Valley"), meu mundo era muito restrito na infância. Eu raramente me aventurava fora do raio de cinco quilômetros entre minha casa e a escola, o supermercado e a casa de minha tia Helen e meu tio Bernie. Minha experiência de mundo foi ainda mais restrita em virtude de minha dislexia. Os meios que outras pessoas encontravam de ampliar seus horizontes e expandir sua visão — por meio de livros — não eram uma opção para mim. Com o tempo, no entanto, descobri que havia uma maneira simples e acessível de expandir meus limites e viver uma vida mais intensa: conhecendo pessoas.

Estamos todos presos em nossos padrões de pensar, ser e ver. Na verdade, muitos de nós estão tão acostumados a ver o mundo de *nossa* maneira que pensamos que o mundo *é* assim. É totalmente tranquilizante ser lembrado, repetidas vezes, quão

FRENTE A FRENTE

diferente o mundo é para outras pessoas. É por isso que estou constantemente buscando oportunidades de me conectar com pessoas cujas experiências, visões e estilos de vida são diferentes dos meus. Às vezes, isso assume a forma de conversas de curiosidade arranjadas com indivíduos específicos.[31] Mas, muitas vezes, eu simplesmente inicio trocas com estranhos aleatórios — um skatista, um barista, um artista de rua, um astrólogo — que, por alguma razão, chamam minha atenção. Quem quer que seja e como quer que aconteça, todas as vezes em que me envolvo com alguém novo tenho a chance de ver o mundo através de seus olhos. Minha vida é mais rica e sou uma pessoa mais empática, compreensiva e sábia por causa disso. Estas são algumas histórias que ficaram em minha memória.

Teve um ano, em um feriado, que Veronica e eu decidimos visitar Buenos Aires pela primeira vez. Em nossa última noite na cidade, jantamos em um restaurante judaico-argentino moderno, porém familiar, chamado Fayer, que um amigo meu tinha recomendado. Chegamos cedo e o lugar estava com a metade das mesas ocupadas. Nós nos sentamos um ao lado do outro em banquetas e pedimos uma garrafa de vinho e um pouco de pão tipo pretzel quente. Um garçom charmoso chamou nossa atenção. Apesar de sua aparência jovem, ele poderia facilmente ter sido confundido com um gerente experiente, pois encantou todas as mesas com um carisma natural. Nós percebemos o cuidado excessivo que ele tomava com os outros clientes e, quando ele veio pegar nosso pedido, ficamos impressionados pela forma como ele respondeu a todas as nossas perguntas com detalhes meticulosos e conhecimento específico.

Nós expressamos nossa admiração e, ao fazer isso, iniciamos uma conversa. Ficamos sabendo o nome dele — Eduardo — e descobrimos que, há apenas quatro anos, ele estava batendo de porta em porta à procura de um emprego em uma cidade e um país novos. Embora ele não tivesse nenhuma experiência, esse restaurante decidiu lhe dar uma chance. E ele estava trabalhando lá desde então.

Enquanto conversávamos mais, Eduardo nos contou que, com 18 anos, ele tomou a difícil decisão de ir embora de sua casa na Venezuela. O país estava enfrentando uma crise econômica com altos níveis de violência e uma severa escassez de comida, então Eduardo achou que tinha que ir embora para criar oportunidades para ele.[32] Perguntei a ele o que o fez pensar que conseguiria encontrar um emprego em um país estrangeiro, onde ele não conhecia ninguém. Eduardo explicou que sua habilidade de falar inglês lhe deu uma vantagem em uma cidade popular e com turistas falantes da língua. Fiquei interessado em saber como ele aprendeu. Ele nos contou que, antes de sair de casa, estudou sozinho, como um curso intensivo, jogando videogame em inglês.

Enquanto a noite passava, ambos compartilhamos histórias e, a cada prato ou bebida que nos trazia, Eduardo revelava mais detalhes pessoais de sua vida. Por exemplo, ele nos contou que mal podia suportar ficar distante de sua namorada, e que estava planejando trazê-la de Caracas para se casar assim que juntasse dinheiro suficiente. Ele nos mostrou fotos dos dois juntos e falou sobre se casar com ela um dia. Nós sabíamos que esse cara conseguiria fazer qualquer coisa que planejasse fazer. Nossa conexão com Eduardo transformou um jantar agradável em uma noite da qual nunca nos esqueceremos.

Ao menos uma ou duas vezes por semana, eu almoçava do lado de fora do restaurante Bouchon, em Beverly Hills, a apenas alguns minutos a pé de meu escritório. Um dia, eu estava sentado sozinho em meio a uma teleconferência, falando e olhando através do terraço do restaurante, que estava bastante vazio por já ter passado muito da hora do almoço. Observando as mesas, meus olhos notaram um homem que estava sentado do outro lado do pátio. Percebi que ele estava olhando de volta para mim.

O que tinha chamado minha atenção não era o estilo do homem, que usava gola alta e calça pretas, mas sua energia expansiva. Enquanto ele conversava com outro homem sentado ao lado dele, seu rosto transmitia entusiasmo e seus olhos brilhavam, cheios de vida. Havia certa intensidade nele que era impossível não olhar. Eu nem mesmo percebi que estava fazendo isso.

Demorei um minuto ou dois para perceber que, ao lado do homem, havia uma cadeira diferente. Não uma cadeira de rodas exatamente — não do modo como eu conhecia —, mas um transporte de madeira robusto e bem construído, praticamente um *trono*, só que com rodinhas. Também observei que o acompanhante do homem ficava lhe dando as coisas. Então me ocorreu que devia ser o assistente dele.

Enquanto eu terminava minha ligação, o assistente ficou em pé e *levantou* o homem de onde ele estava sentado, colocando-o, em seguida, na cadeira robusta de madeira. De repente entendi: aquele homem que dominava o pátio inteiro com sua energia positiva, que parecia tão animado, estava, na verdade, imóvel do pescoço para baixo.

Em certo sentido, esse foi um momento delicado e bastante complicado. Não aprendemos a desviar o olhar das diferenças visíveis dos outros, a desviar o olhar de um sentimento de pudor ou medo de ofender ou constranger alguém? Quando me dei conta do estado do homem, foi exatamente o que fiz. Olhei para meu colo, cortando a conexão que havia criado com ele quando nossos olhos se encontraram pela primeira vez. No entanto, um minuto depois, peguei-me olhando diretamente para ele outra vez. Não conseguia evitar. Eu estava muito curioso sobre quem ele era e o que fazia.

Eu me levantei, atravessei o terraço e me aproximei dele. Ele me cumprimentou com um olhar gentil. Parecia surpreso por eu ter ido até ele, mas não aborrecido.

"Olá", falei. "Você se importaria se eu me sentasse um pouco?"

É claro que foi um pouco estranho, mas não me importei. "Meu nome é Brian Grazer. Tenho que admitir que eu estava olhando para você enquanto falava ao telefone. É que você parecia irradiar tanta energia. Mas então notei que você é... paralítico."

Ele não pareceu ofendido, graças a Deus. Só olhou para mim.

"Sou", disse ele. "Sou assim há dez anos."

"Qual é a sensação?", perguntei. Agora, em virtude das circunstâncias, essa pergunta poderia ter transmitido certa falta de tato ou insensibilidade de minha parte. Mas compartilhamos uma conexão, um curto momento de reconhecimento mútuo, e eu não queria deixar passar a oportunidade de conhecer melhor esse homem.

Eu não estava perguntando apenas em virtude de ser uma novidade. Perguntei porque o risco de *não* entender como eram suas experiências parecia maior para mim do que o risco de perguntar e ser rejeitado. Na melhor das minhas intenções, queria entendê-lo. Isso é falta de tato? O mundo não seria um lugar mais humano se tentássemos entender a situação uns dos outros com uma frequência um pouco maior? Acho que ele viu sinceridade em meus olhos.

 Ele me contou tudo. Que seu nome era Stephen e que ele trabalhava com capital privado. Que sua paralisia foi resultado de uma condição progressiva, uma forma rara de paralisia. Ele me contou sobre as diversas complicações e como aprendeu a viver com elas. Ele tinha muita inteligência emocional e parecia aceitar muito bem sua condição. Perguntei como ele passa os dias, com o que se importa, por que escolheu essa carreira. Eu me sentei com ele, fiz perguntas e ele as respondeu. Eu perguntei, ele respondeu. De alguma forma, a conversa simplesmente fluiu. Por fim, eu me levantei. Terminei nossa conversa tendo estabelecido uma nova amizade. Concordamos em manter contato e assim temos feito ao longo dos anos.

Ano passado, em Paris, eu estava aguardando a chegada de um motorista de Uber. Era minha primeira vez na cidade após terem acontecido os ataques terroristas de novembro de 2015. Em uma série de ataques coordenados, 130 pessoas foram mortas, muitas delas no espaço de shows chamado Bataclan, onde a banda de rock norte-americana, Eagles of Death Metal, estava tocando. Eu tinha visto a cobertura no noticiário e lido sobre isso no jornal. Mas não conseguia imaginar como havia sido para as pessoas que chamavam essa cidade de lar.

 Sentado no banco de trás do carro, olhei para meu telefone e pensei em rolar a tela para conferir minhas mensagens. Em vez disso, decidi conversar com meu motorista, Laurent. Perguntei a Laurent sobre o ataque terrorista. Como isso o tinha impactado pessoalmente? Como isso afetou seu país? Ele estacionou o carro e se virou para olhar para mim.

AVENTURANDO-SE EM NOVOS MUNDOS

Durante os 40 minutos seguintes, Laurent e eu conversamos, frente a frente, a respeito dos eventos ocorridos e de como estava sendo viver no país naquele momento. Foi uma conversa que mexeu com alguns sentimentos. Fiquei surpreso quando Laurent confidenciou que ele se sentia envergonhado pelos ataques. Eu esperava que ele estivesse triste, assustado, com raiva — mas envergonhado?! Ele explicou como os terroristas haviam provocado um sentimento de impotência coletiva nos franceses. Fiquei comovido com sua revelação. Isso aprofundou meu conhecimento sobre o povo francês e, também, ampliou meu modo de enxergar os eventos atuais de um modo que eu não tinha considerado antes.

Quando era jovem, eu só conhecia aquele meu cantinho da Califórnia. Hoje, viajo o mundo todo. No entanto, "onde" estou é muito menos importante do que "com quem" estou. Todas as vezes em que me conecto com alguém, sou transportado para um lugar novo. E a melhor parte é que isso não requer um ingresso, uma mala ou um GPS. Basta ter curiosidade e coragem para iniciar um envolvimento com outro ser humano e disposição para escutar e aprender com a mente aberta.

CAPÍTULO 15

Em um Piscar de Olhos

"Você tem poder sobre sua mente — não os eventos externos. Perceba isso e encontrará força."

— Marco Aurélio

Quase 20 anos atrás, voei para Detroit, onde estávamos gravando *8 Mile*. Reconhecidamente um de meus filmes favoritos entre os que produzi, o filme é a história de Eminem que surgiu daquela fatídica reunião em meu escritório. Depois de alguns dias no set de filmagem — que era uma paisagem urbana gelada no auge do inverno —, percebi que eu precisava sair um pouco. Estava desejando sol e calor. Decidi voar direto para o set de outro filme que eu estava produzindo no Havaí.

A Onda dos Sonhos, um filme de surfe com elenco feminino, estava sendo filmado na costa norte da ilha Oahu. Eu nunca tinha estado nessa parte do Havaí antes, então estava empolgado para conhecer. Eu conhecia apenas o que tinha visto em outros filmes e na televisão: picos de surfe icônicos, como Banzai Pipeline, Sunset Beach e Baía de Waimea. Quando estávamos pousando, olhei pela janela para ver as praias mais vastas e perfeitas e o oceano mais azul que você pode imaginar. Se Detroit era um pesadelo gelado, isso parecia o paraíso. Fiquei completamente apaixonado. Depois de dirigir por apenas uma ou duas horas, decidi que queria morar ali — simples assim. (Definitivamente, essa foi uma das decisões mais extremas e "de momento" que tomei na vida!) Encontrei uma casa que me pareceu boa: um lugar grande, branco e em estilo indonésio, com um telhado de telhas azuis, bem em frente a Pipeline, o pico de surfe mais lendário do Hemisfério Ocidental.

Meus primeiros dias no Havaí foram tudo o que imaginei. Fiquei encantado com a beleza tropical de North Shore, as montanhas exuberantes que eu enxergava na extensão da Baía de Waimea e a vibração descontraída que dominava o lugar. Como sempre, estava me sentindo agitado, com a mente cheia de mais histórias do que eu conseguia acompanhar e muitas coisas em que pensar, entre elas, o outro filme que eu estava fazendo lá em Detroit. Senti como se tivesse encontrado o remédio perfeito contra o estresse, um mundo que parecia, pelo menos superficialmente, perfeito — deslumbrante, vibrante e calmo. Eu me senti em casa.

Estávamos trabalhando com uma equipe local em *A Onda dos Sonhos* — contratamos somente havaianos nativos, o que é raro em produções lá —, em parte porque queríamos integrar o filme à comunidade o mais perfeitamente possível. Então fiquei surpreso quando cheguei ao set um dia e percebi alguém andando por ali que não parecia pertencer ao lugar. Ele era fisicamente imponente e tinha um olhar endurecido. Embora suas interações com a equipe parecessem amigáveis e ele parecesse familiar para eles, a meus olhos, esse estranho era a definição de intimidação.

Logo descobri que esse homem — vamos chamá-lo de Jake — tinha chegado com o propósito expresso de "nos ajudar com alguns de nossos problemas de permissão e segurança". Na verdade, ele era membro de um grupo chamado Da Hui, também conhecido como os "bermudas pretas", por causa das bermudas de surfe pretas que eles usavam. A Da Hui é uma organização formada em North Shore em meados dos anos 1970, com o objetivo de proteger o pico de surfe Pipeline contra a invasão de surfistas, em sua maioria, sul-africanos e australianos. Para os havaianos, respeito é um conceito importante, especialmente quando se trata do oceano, de seus cobiçados recursos naturais e de sua herança cultural. Como os estrangeiros se dirigiram em peso para a área, ocupando as ondas, e grandes corporações começaram a comercializar um esporte inventado por seus ancestrais, alguns havaianos se sentiram desrespeitados.

Grupos como o Da Hui estavam determinados a expulsar esses forasteiros e a retomar o controle sobre o oceano e o esporte que eram tão essenciais para quem eles eram como um povo. Se preciso, remariam na água a fim de atrapalhar as competições e para que os outros surfistas abrissem espaço para eles. Deixaram claro que fariam o que fosse preciso para preservar e proteger o que era deles. Hoje, os membros do Da Hui trocaram suas raízes ativistas por esforços mais tradicionais, como voluntariado na comunidade, produção de uma linha de roupas e supervisão da segurança da água em competições de surfe. Mas o compromisso deles em defender a cultura havaiana nativa está mais forte do que nunca.

Com Jake, o Da Hui criou uma espécie de item extracurricular, uma taxa que não fazia parte do orçamento original para *A Onda dos Sonhos*. Mas, depois que nossa equipe de produção se reuniu para discutir isso, decidimos que o mais fácil a se fazer era pagar. Esse tipo de tática acontece em qualquer lugar. É o que acontece quando se filma em locações, então isso não me aborreceu muito.

Jake e eu nos demos bem, até surfamos juntos algumas vezes. Ainda assim, havia algo a respeito da presença e da conduta de Jake que parecia ameaçador para mim. E isso começou a mudar a forma como eu me sentia a respeito de North Shore.

FRENTE A FRENTE

Talvez meu paraíso não fosse tão idílico, afinal. Talvez não fosse meu, para começo de história. Quando meus conceitos preconcebidos começaram a se romper, minha segurança nesse lugar se transformou em uma sensação de incerteza.

Enquanto estava no Havaí, tive a sorte de me conectar e criar uma amizade com Brock Little, o cara que mencionei que tinha me ensinado a surfar. Brock era surfista profissional e dublê, um habitante local que me colocou embaixo das asas e me mostrou o lugar. Entre as diversas forças e facções de North Shore, Brock era o tipo de pessoa neutra: forte e poderoso, porém amante da paz e apartidário, e se dava bem com todos. Ele era amigável com os Da Hui, porém não exatamente um membro do grupo. Por meio de Brock, acabei conhecendo muito da cultura da região, incluindo a etiqueta adequada dentro da água.

Quando estávamos surfando com os habitantes locais, principalmente com os mais agressivos, aqueles estilo "macho alfa", aprendi que a única coisa que você nunca deve fazer é olhá-los nos olhos quando está na água. Se você, por engano, cortar alguém em uma onda *sem* olhar a pessoa nos olhos, é uma coisa — um acidente. Mas, se fizer contato visual antes de cortá-lo, isso é entendido como algo pessoal. Mesmo que tivesse acontecido por um descuido, esse olhar seria considerado uma demonstração de desrespeito, e os locais o marcariam com seu "olhar de desaprovação". Se você recebesse o olhar de desaprovação de algum membro do Da Hui ou de outro grupo, em uma hora, todos em North Shore saberiam e, pelo que fui informado, isso poderia significar ter uma janela do carro quebrada ou ganhar uma visita ao hospital. Se eram ameaças sem fundamento ou perigos reais, eu não sei. Mas também não queria descobrir.

Às vezes, não olhar alguém nos olhos pode ser tão significativo quanto olhar. Quem olhamos nos olhos, quando olhamos e como olhamos — todas essas coisas moldam nossos relacionamentos dentro de determinado contexto cultural. Em algumas partes do mundo, como na Nigéria ou no leste asiático, por exemplo, um excesso de contato visual é considerado desrespeitoso.[33] No Japão, as crianças são ensinadas na escola a olhar na direção do pescoço da pessoa com quem estão falando, a fim de suavizar o olhar,[34] e, no Irã, o contato visual entre homens e mulheres é estritamente proibido.[35]

Até mesmo mais perto de casa há exemplos surpreendentes de como o contato visual direto é desaprovado. Na legislatura de Minnesota, por exemplo, a regra 36.8 do Senado exige que "todas as observações durante o debate devem ser dirigidas ao presidente". O presidente do Senado fica posicionado na frente da Câmara; então, mesmo que um senador esteja debatendo com alguém atrás dele, os dois não podem se olhar. Eles devem olhar para a frente.[36] Aparentemente, essa regra foi estabelecida a fim de promover a civilidade, eliminando o contato visual que poderia intensificar a agressão entre representantes com opiniões opostas.

Em outras situações, olhar alguém nos olhos pode levá-lo a um lugar que você não quer ir. Quando produzi o filme *O Segredo* (baseado no livro de John Grisham) em 1996, nós gravamos na Penitenciária Estadual do Mississippi — uma prisão no estado para pessoas que estão no corredor da morte — e o diretor nos instruiu a jamais olhar os prisioneiros nos olhos enquanto passávamos. Nós sabíamos que eles *tentariam* fazer contato visual conosco. Para eles, a conexão era uma oportunidade de conseguir algo que queriam, mas não podiam ter. Em outras palavras, era uma ferramenta de manipulação.

FRENTE A FRENTE

Na água com Jake, eu me comportei e ele nunca me "marcou" com o olhar de desaprovação. Mas a experiência de surfar com ele revelou uma nova dimensão da cultura para mim e me levou a pensar sobre o contato visual de uma nova maneira. Os olhos podem ajudar a desenvolver conexões profundas e confiáveis entre as pessoas, mas também são agentes de poder. Com os Da Hui, você precisa usar seus olhos com cautela, para sinalizar apenas a quantidade certa de respeito em determinada situação.

Depois que terminamos *A Onda dos Sonhos* (que tenho orgulho em dizer que se tornou um fenômeno *cult* que ajudou a transformar a cultura do surfe — principalmente a cultura *feminina* do surfe — em algo um pouco além de uma tendência), passei bastante tempo na ilha. Fui todas as vezes em que consegui uma brecha e, por isso, pude conhecê-la bem. Eu não era exatamente um habitante local, mas também não era o que eles chamavam de *haole*, um havaiano não nativo. Fui aceito, ou acreditava que havia sido. Até uma noite em que eu estava passando de bicicleta pela trilha do mesmo lugar aonde eu sempre ia: além de Sunset Beach, em um lugar chamado V-Land.

V-Land era território dos Da Hui, e eu estava cantarolando enquanto pedalava minha bicicleta quando dois caras saíram dos arbustos e bloquearam meu caminho.

"Oh, olá Brian." Um deles se moveu em minha direção. Ele era musculoso como um fisiculturista, tinha tatuagens cobrindo os braços e as juntas dos dedos. "O que está fazendo?"

Eu o reconheci. Eu tinha encontrado ele uma ou duas vezes antes. Ele era um dos "associados" do meu amigo de surfe Jake, um dos mais temidos — e temíveis — membros do grupo Da Hui. Ele deu um passo mais próximo de mim. Imediatamente, soube que essa não era uma aproximação social; esses caras tinham algo em mente.

"Estou pedalando", respondi, mantendo-me o mais calmo possível. O amigo dele também se aproximou de mim.

"Brian, você não tem pago nossos impostos."

Por um momento fiquei pensando sobre o que ele estava falando. *Impostos?* Então percebi que ele estava tentando me abalar. Jake nos espremer no set de *A Onda dos Sonhos* era uma coisa. Mas esses caras queriam obter o tal imposto em troca de minha proteção pessoal.

"Oh, não", falei. "Eu paguei meus impostos."

"Não temos nenhum registro disso", disse o cara tatuado. "É um novo ano e precisamos de novos impostos."

Normalmente, sou um cara bastante hiperativo: eu me envolvo na energia de outras pessoas e em situações sociais, mas, em situações de risco de integridade física — por qualquer que seja o motivo —, eu diminuo o ritmo. Perdi a fala em duas ocasiões diferentes. Em uma delas, eu estava em um avião quando houve uma pane elétrica e parecia que íamos cair. Esse momento na praia foi um pouco como essas ocasiões. Minha mente paralisou.

"Sabe, vimos sua namorada em Foodland", disse o cara tatuado. Foodland é um lugar onde todos os surfistas se reúnem, o centrinho social de North Shore. "Ela é muito bonita. Espero que continue tudo bem com ela. Odiaríamos se algo ruim acontecesse a ela."

Eles realmente a estavam ameaçando? Ou a mim? O que exatamente eles estavam planejando fazer? Isso era algo sério. Eu tinha que dar a resposta certa. Em vez de tentar recuar verbalmente ou negociar, tentei uma tática diferente. Assim como eu sabia que não era uma boa ideia olhar nenhum dos Da Hui nos olhos dentro da água, aprendi desde cedo — também com meu amigo e habitante local Brock — a fazer o oposto enquanto negociava com eles em terra. Obrigado, Brock.

Em vez de desviar o olhar, fiz exatamente o que Brock havia recomendado. Olhei para o cara tatuado com um olhar ao mesmo tempo confiante e respeitoso, que não parecia nem abatido nem muito direto. Segurei o olhar nele por um longo e silencioso momento.

"Não há nenhum problema", disse, por fim. "Paguei meus impostos. Estamos tranquilos."

Voltei a sentar no banco de minha bicicleta para continuar pedalando. Para minha grande surpresa, eles não tentaram me impedir. Pedalei em direção ao pôr do sol. Então, meu coração começou a pulsar forte. "O que exatamente havia acontecido?"

Pensando nisso agora, percebi que fui capaz de neutralizar e estabilizar a situação apenas pelo modo como usei meus olhos. Com um simples olhar, fui capaz de guiar uma dinâmica complicada de poder. Por um lado, eu estava informando a meu adversário que não sou fraco e que ele não poderia me intimidar a uma submissão. Por outro, estava reconhecendo sua força e a história confusa de um povo, na qual eu estava ligado a um grande número de estrangeiros que haviam desrespeitado o povo havaiano e sua cultura de todas as formas.

Posso ganhar a vida como produtor, mas o que realmente sou é um contador de histórias. E histórias são sempre sobre a comunicação de sentimentos. As pessoas têm uma tendência a ver a vida como binária — certo e errado, sucesso e fracasso —, mas os sentimentos são mais sutis do que isso. São infinitos em suas variações e indiscutíveis. Não se pode dizer às pessoas como elas se sentem ou como experienciam o mundo. Os sentimentos, assim como as histórias, são subjetivos, e o que as pessoas precisam, talvez mais do que qualquer coisa hoje em dia, é que suas histórias sejam reconhecidas e escutadas.

Não é o que todos queremos? Sermos vistos de uma maneira que reconhece nosso próprio senso de quem somos? Eu acredito que o que aconteceu aquele dia com os dois caras do Da Hui foi exatamente isso. Não tentei desafiar a história deles. Em vez disso, olhei para eles de uma maneira que me permitiu manter meu modo de ser enquanto reconhecia sua força, autoridade e história de vida.

CAPÍTULO 16

Lua de Mel na Terra Sagrada

"Quando Deus ama você, o que pode ser melhor do que isso?"

— Aretha Franklin

Fui criado judeu e católico: judeu pelo lado de minha mãe e católico pelo de meu pai. Até os dez anos, basicamente vivi como católico. Fui batizado quando era bebê (por mais estranho que pareça, minha mãe judia havia insistido para que eu fosse, provavelmente em respeito às crenças de meu pai) e fui ao catecismo todos os domingos quando criança. Até me lembro de visitar Santa Bárbara durante a crise dos mísseis de Cuba e atravessar os trilhos da ferrovia para rezar por segurança em uma missão próxima.

Apesar de tudo isso, os aspectos do catolicismo baseados no medo — meu terror de infância de cometer algum pecado, o medo de morrer e ir para o inferno — eram um pouco demais para mim. Sempre fiquei mais à vontade com as tradições de minha herança judaica, que pareciam mais calorosas e vivas para mim. Minha avó Sonia e eu íamos ao templo umas duas vezes ao ano e ela me contava histórias sobre a fé judaica. Eu participava das noites do Seder em sua casa e comemorávamos feriados judaicos juntos.

FRENTE A FRENTE

À medida que fui ficando mais velho, minha crença em Deus nunca diminuiu, mas não me identifiquei particularmente com nenhuma das tradições religiosas em que fui criado.

Diferentemente de mim, Veronica foi criada por uma mãe filipina católica devota e um pai norte-americano católico. Ela frequentou a escola católica de Santa Columba e se graduou na Universidade de Georgetown, a universidade católica e jesuíta mais antiga do país. Ela é profundamente devota a Deus e me apresentou à sua comunidade da igreja católica de Santa Mônica. Na verdade, nos casamos na igreja de Santa Mônica.

Veronica e eu vamos à igreja com frequência e, por isso, tornei-me muito próximo de nosso padre, monsenhor Lloyd Torgerson, um líder progressista, talentoso e querido na comunidade e na cidade de Los Angeles. Quando nos conhecemos, o que me impressionou nele imediatamente foi a maneira como ele olhou para mim. Conheci muitos padres em minha vida e cresci acostumado a ver uma pitada de aprovação — ou desaprovação — em seus olhares. Os olhos de monsenhor Torgerson, ao contrário, não transmitiam nada além de amor e humanidade profundos.

Fui criado em um tipo de catolicismo que enfatizava a culpa e o julgamento. O catolicismo que o monsenhor prega é completamente diferente. Um orador carismático e talentoso, os sermões semanais do monsenhor são consistentemente poderosos. Não importa o tema, sua mensagem é sempre esperançosa, relevante e baseada no amor. Ela atinge seu coração, não apenas a mente. O monsenhor também tem um talento especial para usar histórias, até algumas de suas falácias e lutas pessoais que podemos relacionar às nossas, para nos ajudar a encontrar sentido na vida. Vinculando histórias com reflexões inspiradoras, ele me ajuda a priorizar o que é mais importante na vida.

Sempre saio de lá com algo significativo sobre o que refletir, que me faz pensar a respeito de algo maior, como por que estamos aqui e o que importa de verdade na vida. O monsenhor e eu nos tornamos amigos íntimos, e ele tem influenciado profundamente minha jornada espiritual.

Quando Veronica um dia me informou que um grupo de nossa igreja viajaria para Israel, fiquei interessado, porém desconfiado. Nunca fui muito adepto de viagens de grupo para começo de conversa e, embora eu estivesse me sentindo muito mais confortável com o catolicismo como nunca estive antes, não posso dizer que estava 100% à vontade com a ideia de visitar Israel pela primeira vez com um grupo da igreja. Fora isso, eu estava definitivamente curioso e sabia que a viagem significaria muito para Veronica. Então eu disse sim e, com isso, os planos para nossa lua de mel estavam de pé.

Lá fomos nós em um voo sem paradas de Los Angeles a Tel Aviv. Passamos uma noite em Tel Aviv para encontrar o grupo e, em seguida, voamos novamente para nos juntarmos ao grupo de Santa Mônica. Por fim, chegamos a Tabgha, junto ao mar da Galileia, onde visitaríamos a Igreja da Multiplicação.

A Igreja da Multiplicação é a mais sagrada das terras sagradas, onde Cristo fez o milagre da multiplicação dos pães e peixes. O grupo estava reunido para a missa e, reconhecidamente, eu me senti um pouco fora de sintonia. Como faço muitas vezes, eu me peguei pensando em minha avó Sonia. Mas, dessa vez, pensei no que ela teria falado de minha visita à Terra Sagrada com um grupo da igreja católica. Pude sentir uma crise espiritual surgindo: Eu a estava traindo? Estava traindo Deus e, ao mesmo tempo, minhas próprias crenças? Em que eu *realmente* acreditava?

FRENTE A FRENTE

A ideia de uma crise espiritual pode soar um pouco exagerada, mas, quando você viaja para um lugar como Israel e se sente conectado a pessoas que amou, no passado (vovó Sonia) e no presente (Veronica), não pode deixar de refletir sobre essas grandes questões.

Estávamos prestes a comungar quando percebi que Eli estava em pé lá no fundo. Eli era nosso guia turístico. No início de nossa viagem, eu tinha puxado uma conversa pessoal com ele. Contei a ele que eu era judeu de nascimento, que havia sido criado como um católico confuso e que minha esposa era católica praticante. Eli me contou sobre como era ser um judeu israelense vivendo ao lado de cristãos e muçulmanos em uma terra em que cada grupo reivindica como sendo sua. (De forma admirável, no centro de Jerusalém, em uma área com o dobro do tamanho do National Mall em Washington, estão três dos maiores locais sagrados: a Mesquita Al-Aqsa, o terceiro local mais sagrado do mundo para os muçulmanos; o Muro das Lamentações [ou Muro Ocidental], parte do local mais sagrado do mundo para os judeus; e a Igreja do Santo Sepulcro, que marca o lugar onde os cristãos acreditam que Jesus foi crucificado, sepulcrado e ressuscitado.) Ao longo da viagem, aquela única conversa entre Eli e eu se transformou em horas de discussão sobre nossas respectivas jornadas em relação à fé.

Nesse dia em particular, enquanto Eli me olhava com seus olhos ao mesmo tempo gentis e inquisitivos, quase consegui ler seus pensamentos: "Você tem uma mãe judia e um pai católico. Hmm... O que está se passando em sua mente, Brian?"

Quando olhei para ele, a imagem de minha avó veio em minha mente. Nesse exato momento, soube que não a estava traindo. Não estava traindo Deus ou a mim mesmo. Em vez disso, eu estava descobrindo quem eu era e em que acreditava. Apesar da longa e contínua história de conflitos religiosos naquele lugar, tive um sentimento de unidade com as pessoas que vi. Senti um amor profundo quando andei pela cidade. Eu me senti seguro, mesmo que as pessoas não pensem que seja seguro. Talvez eu tenha sentido isso porque estava em um lugar de profundo significado para as três religiões. Talvez tenha sido por causa dos eventos da Bíblia, que ocorreram no exato lugar pelo qual eu estava passando. Não tenho exatamente certeza do que foi, mas eu senti.

Dois dias depois, nosso grupo da igreja estava planejando andar pela Via Dolorosa. Acredita-se que essa rua na Cidade Velha de Jerusalém seja a rua pela qual Jesus passou a caminho de sua crucificação. Marcada com as Estações da Cruz e terminando na Igreja do Sagrado Sepulcro, a Via Dolorosa é uma rota de procissão importante para os peregrinos cristãos. Enquanto percorrem o caminho sinuoso, os peregrinos cantam e se revezam para carregar a cruz, do mesmo modo como fez Cristo.

Como eu já esperava, Veronica quis compartilhar essa experiência comigo. Então colocamos o alarme para as quatro horas da manhã e fizemos o caminho escuro do hotel King David até o ponto de encontro dentro das muralhas da Cidade Velha. Depois começamos. Nosso grupo de cerca de 40 pessoas se revezava entre quem carregaria a cruz e quem seguiria e cantaria. Em cada uma das 14 estações, recitamos uma leitura e uma prece, depois seguimos até a estação seguinte.

O monsenhor cutucou meu ombro. Era minha vez. Enquanto eu ajudava a carregar a cruz de madeira pesada, que devia ter cerca de quatro metros de altura, pela passagem estreita e antiga, o sol começou a nascer. Cantamos e seguimos nosso caminho até as estações finais em Gólgota, ou Calvário, e para

FRENTE A FRENTE

dentro da igreja. Quando entrei, olhei nos olhos de Eli. Dessa vez, no entanto, foi diferente. Seu olhar não era de curiosidade, mas de conexão. Nós nos olhamos por um longo momento — dois seres humanos compartilhando uma busca espiritual.

CAPÍTULO 17

O que Significa Estar Vivo

"Penso que o que estamos buscando é a experiência de nos sentirmos vivos, para que nossas experiências de vida no plano puramente físico tenham ressonâncias com nosso mais profundo ser e com a realidade, a fim de que realmente sintamos o êxtase que é estar vivo."

— Joseph Campbell

Muitos anos atrás, eu estava morando na colônia de Malibu, uma comunidade residencial perto da Universidade Pepperdine. Era uma situação temporária, enquanto eu estava realizando algumas obras em minha casa na cidade. Minha casa em Malibu ficava bem no final da colônia, onde o acesso privado dava em uma praia pública. Normalmente, a praia ficava lotada, por isso eu gostava de acordar cedo e tomar meu café no deque, onde eu conseguia curtir a vista antes de as pessoas começarem a chegar. Geralmente nesse horário, havia algumas poucas pessoas andando na praia e surfistas, mas, em geral, era muito calma. Em uma manhã, eu estava no deque — por volta de 7h30 mais ou menos — e percebi que estava sozinho. A praia estava vazia. Não enxerguei uma pessoa sequer de onde estava sentado. Enquanto tomava meu café e olhava a praia, no entanto, percebi que *havia*, sim, alguém. Bem lá na frente da praia, já bem perto da água, onde ficavam as poças deixadas pela maré, havia uma pessoa deitada de lado. A visão era muito estranha. Demorei um pouco para perceber que era um ser humano. Levei mais alguns minutos para me dar conta de que essa pessoa estava com algum problema. Não detectei nenhum movimento do corpo dela.

Levantei em um pulo e desci até a praia, correndo em sua direção. Levei pelo menos um ou dois minutos para chegar até lá. Quando me aproximei, vi duas jovens garotas em pé bem próximas dela na praia. Seus rostos pareciam assustados. Então, percebi que a pessoa que corri para ajudar não era um adulto, mas uma adolescente. Seu corpo estava se agitando e seus braços, se debatendo. Parecia que ela estava tendo algum tipo de convulsão.

Ajoelhei-me ao seu lado. A maré estava se movimentando bem onde ela estava deitada, e seu rosto estava na água enquanto seus braços se debatiam. Eu a virei de costas e a arrastei até a areia seca. Não tenho nenhum treinamento médico formal — não sou técnico em emergências médicas ou algo assim —, mas me lembro de, no ensino médio, haver um garoto em minha classe que teve uma crise epiléptica no refeitório, então eu sabia que devia desobstruir a sua boca. Eu tirei o chiclete.

Ela mal estava consciente, estava molhada e imóvel. Seus olhos, que até então estavam semicerrados, de repente se abriram, revelando um olhar vazio, sem nenhum sinal de vida ou vitalidade. Por uma fração de segundo, meus olhos ficaram fixos nos dela e tive certeza de que ela ia morrer. Então, tão abruptamente quanto tinham se aberto, os olhos dela se fecharam novamente.

O QUE SIGNIFICA ESTAR VIVO

Comecei a procurar desesperadamente por outro ser humano na praia, alguém que pudesse chamar ajuda, e senti uma tristeza imensa atravessar meu corpo. Eu me senti impotente. Não conseguia me conectar com ela. Senti que a estava perdendo. Se você já viu alguém morrendo, como eu tinha visto apenas uma vez antes, o momento tem uma qualidade metafísica e um poder espiritual avassalador.

A outra vez aconteceu quando eu tinha apenas nove anos. Eu tinha um emprego como entregador de jornais em Northridge, na Califórnia, onde eu morava, e, um dia, enquanto fazia minhas entregas, vi um homem idoso deitado no meio da rua, ao lado de um carro capotado. Era de manhã cedo e ficou claro que o acidente tinha acabado de acontecer. Um *motorhome* tinha batido em seu Chevy, causando o capotamento e arremessando o homem para fora do carro. Eu conseguia ouvir as sirenes da ambulância, e as pessoas estavam começando a se aglomerar. Embora fosse apenas uma criança, eu também senti uma tristeza palpável e inacreditável. Esse homem estava sem vida, morto. Enquanto eu o observava lá deitado sangrando, fiquei espantado com o que agora reconheço como o sentimento de humanidade compartilhada diante daquele momento.

Esse momento na praia foi diferente. Eu era adulto e, talvez, um pouco mais próximo de minha própria morte, mas essa garota era apenas uma criança.

"Georgia!", gritou a voz de uma mulher.

Tudo aconteceu em uma fração de segundos. Pareceu ser muito mais, mas foi quase instantâneo. Olhei por cima do ombro e — graças a Deus! — havia uma mulher correndo na direção de onde estávamos.

FRENTE A FRENTE

"Georgia!"

Quando ela se aproximou mais, percebi que a conhecia: a mulher era Melissa Mathison, falecida roteirista do filme *E.T.: O Extraterrestre*, que, na época, era casada com Harrison Ford. Ela era a mãe da garota. Eu acho que — é difícil recordar — gritei para *ela* chamar ajuda e ligar para o 190.

Felizmente, há um posto do lado de fora do portão da colônia, e os paramédicos chegaram quase imediatamente. Até eles chegarem, fiquei exatamente onde eu estava, ajoelhado ao lado da garota e examinando seu rosto semiconsciente. Eu estava completamente envolvido naquele momento frágil; não tinha controle sobre o que aconteceria em seguida. E aquela *incerteza* fundamental pareceu para mim como um exemplo do cerne da experiência humana. Ela viveria? Quem sabe. A parte dessa experiência que ficará para sempre comigo é a conexão que senti não só com ela como pessoa, mas com seu destino.

Ela foi levada de helicóptero ao Centro Médico de UCLA. Graças a Deus, ela se recuperou totalmente.

Alguns anos depois, cerca de cinco anos depois desse incidente, eu estava andando pelo saguão do hotel Mercer, onde sempre me hospedo quando estou em Nova York. Percebi que Harrison Ford estava sentado em um dos sofás. Na época do incidente, eu o conhecia somente como ator. Eu estava tentando fazer um filme sobre o incêndio no prédio da empresa Worcester Cold Storage and Warehouse, um incêndio brutal e aterrorizante que matou seis bombeiros em Massachusetts em 1999, e Harrison tinha concordado em estrelar nele, mas o filme nunca saiu. Ele é um cara muito forte, um pouco bruto, mas poderoso, como você provavelmente esperaria que fosse pelos papéis que ele interpreta. Ele é tremendamente íntegro. Logo depois que descobriu o que havia acontecido, ligou-me para agradecer. Por muito tempo, nunca contei a ninguém o que havia acontecido, fora minha família. Parecia outra realidade.

Enquanto eu andava pelo saguão do hotel Mercer, Harrison me chamou. Ele acenou para mim de onde estava sentado com uma jovem mulher que aparentava ter 20 e poucos anos.

"Venha tomar uns drinques conosco."

Eu me juntei a eles. O bar estava lotado, pois era a Fashion Week, então nós três ficamos amontoados naquela sala lotada.

"Você reconhece esta garota?", perguntou ele. "Esta é minha filha, Georgia."

Claro que a reconheci, e ela também me reconheceu. Eu estava aliviado em vê-la bem e cheia de vida. Nós sentamos juntos e tomamos uma taça de vinho. Parecia que estávamos unidos por essa conexão indescritível — uma experiência inefável de nossa humanidade compartilhada e mortalidade efêmera.

Somos todos seres humanos. Todos temos sentimentos. Todos temos algo para compartilhar. Fomos feitos para a conexão. É a fonte de crescimento, descoberta, alegria e significado em nosso curto e doce tempo aqui na Terra. Precisamos apenas estar dispostos a abrir nossas mentes e nossos corações e escolher *enxergar* as pessoas que estão frente a frente conosco. Mesmo se a conexão durar apenas um momento ou uma vida inteira, mesmo se for fácil ou desafiadora, sempre somos melhores por causa disso.

Notas

1. Can Relationships Boost Longevity and Well-Being? *Harvard Health Publishing*. Escola de Medicina de Harvard, junho de 2017. Disponível em: <https://www.health.harvard.edu/mental-health/can-relationships-boost-longevity-and-well-being/>.
2. An Epidemic of Loneliness. *The Week*, 6 de janeiro de 2019. Disponível em: <https://theweek.com/articles/815518/epidemic-loneliness/>.
3. YEGINSU, Ceylan. U.K. Appoints a Minister for Loneliness. *New York Times*, 17 de janeiro de 2018. Disponível em: <https://www.nytimes.com/2018/01/17/world/europe/uk-britain-loneliness.html>.
4. RUSSO, Maria. The Eyes Have It. *New York Times*, 25 de março de 2015. Disponível em: <https://www.nytimes.com/interactive/2015/03/25/books/review/25childrens.html>.
5. CARR, Flora. Rapping for Freedom. *Time*, 17 de maio de 2018. Disponível em: <https://time.com/collection-post/5277970/sonita-alizadeh-next-generation-leaders>.
6. KOTLER, Steven. Social Flow: 9 Social Triggers for Entering Flow. *Medium*, 21 de fevereiro de 2014. Disponível em: <https://medium.com/@kotlersteven/social-flow-b04436fac167>.
7. Steven Kotler on Lyme Disease and the Flow State. *Joe Rogan Experience Podcast #873*. YouTube, 21 de novembro de 2016. Disponível em: <https://www.youtube.com/watch?v=X_yq-4remO0>.
8. SUTTIE, Jill. Why Curious People Have Better Relationships. *Greater Good*, 31 de maio de 2017. Disponível em: <https://greatergood.berkeley.edu/article/item/why_curious_people_have_better_relationships/>.
9. Winfrey's Commencement Address. *The Harvard Gazette*, 31 de maio de 2013. Disponível em: <https://news.harvard.edu/gazette/story/2013/05/winfreys-commencement-address/>.
10. SHELLENBARGER, Sue. Just Look Me in the Eye Already. *The Wall Street Journal*, 28 de maio de 2013. Disponível em: <https://www.wsj.com/articles/SB10001424127887324809804578511290822228174/>.
11. O'ROURKE, Jill. For Riz Ahmed, There's a Difference Between "Diversity" And "Representation" In Media. *A Plus*, 10 de outubro

de 2018. Disponível em: <https://articles.aplus.com/film-forward/riz-ahmed-trevor-noah-diversity-representation/>.

12. SINEK, Simon. How Great Leaders Inspire Action. *TEDx Puget Sound*, setembro de 2009. Disponível em: <https://www.ted.com/talks/simon_sinek_how_great_leaders_inspire_action?language=en/>.
13. The City: U.S. Jury Convicts Heroin Informant. *New York Times*, 25 de agosto de 1984.
14. JACOBSON, Mark. The Return of Superfly. *New York Magazine*, 14 de agosto de 2000. Disponível em: <http://nymag.com/nymetro/news/people/features/3649/>.
15. PRESCOD, Ayanna. 9 Fashion Staples You Need Inspired by Cookie Lyon from "Empire". *Vibe*, 14 de janeiro de 2015. Disponível em: <https://www.vibe.com/2015/01/9-fashion-staples-you-need-inspired-by-cookie-lyon-from-empire/>.
16. GOPNIK, Adam. Can Science Explain Why We Tell Stories? *The New Yorker*, 18 de maio de 2012. Disponível em: <https://www.newyorker.com/books/page-turner/can-science-explain-why-we-tell-stories/>.
17. FLEMING JR., Mike. Netflix Wins "Tunga" Animated Musical from Zimbabwe-Born Newcomer Godwin Jabangwe; First Deal out of Talent Hatchery Imagine Impact 1. *Deadline*, 14 de fevereiro de 2019. Disponível em: <https://deadline.com/2019/02/tunga-netflix-animated-musical-zimbabwe-newcomer-godwin-jabangwe-imagine-impact-1-1202557570/>.
18. COVEY, Stephen. *7 Habits of Highly Effective People*. New York: Simon & Schuster, 1989. 251 p.
19. HEITER, Celeste. Film Review: The Man Who Would Be King. *ThingsAsian*, 29 de setembro de 2006. Disponível em: <http://thingsasian.com/story/film-review-man-who-would-be-king/>.
20. STEZANO, Martin. *One Man Exposed the Secrets of the Freemasons. His Disappearance Led to Their Downfall*. 24 de janeiro de 2019. Disponpivel em: <https://www.history.com/news/freemason-secrets-revealed/>.
21. ROCCA, Mo. Inside the Secret World of the Freemasons. *CBS News*, 8 de dezembro de 2013. Disponível em: <https://www.cbsnews.com/news/inside-the-secret-world-of-the-freemasons/>.
22. STEZANO. *One Man Exposed the Secrets of the Freemasons. His Disappearance Led to Their Downfall*.
23. *List of Presidents of the United States Who Were Freemasons*. Wikipedia, 14 de abril de 2019. Disponível em: <https://en.wikipedia.org/wiki/List_of_Presidents_of_the_United_States_who_were_Freemasons>.
24. ROCCA. *Inside the Secret World of the Freemasons*.

NOTAS

25. Freemasonry Under the Nazi Regime. *Enciclopédia do Holocausto*. Museu Memorial do Holocausto dos Estados Unidos, 14 de abril de 2019. Disponível em: <https://www.ushmm.org/wlc/en/article.php?ModuleId=10007187/>.
26. *Suppression of Freemasonry*. Wikipedia, 14 de abril de 2019. Disponível em: <https://en.wikipedia.org/wiki/Suppression_of_Freemasonry>.
27. A Standard of Masonic Conduct. *Short Talk Bulletin*. v. 7, n. 12, dezembro de 1929. Disponível em: <http://www.masonicworld.com/education/files/artfeb02/standard%20of%20masonic%20conduct.htm>.
28. WARD, Adrian; DUKE, Kristen; Gneezy, Ayelet; BOS Maarten. Brain Drain: The Mere Presence of One's Own Smartphone Reduces Available Cognitive Capacity. *Journal of the Association for Consumer Research 2*. n. 2, abril de 2017. Disponível em: <https://www.journals.uchicago.edu/doi/10.1086/691462>.
29. YASUKAWA, Olivia. Senegal's 'Dead Sea': Salt Harvesting in the Strawberry-Pink Lake. *CNN*, 27 de junho de 2014. Disponível em: <https://www.cnn.com/2014/06/27/world/africa/senegals-dead-sea-lake-retba/index.html>.
30. PERRY, Kevin E. G. Where the Magic Happens: Baaba Maal Interviewed. *The Quietus*, 19 de janeiro de 2016. Disponível em: <https://thequietus.com/articles/19559-baaba-maal-interview/>.
31. GRAZER, Brian. *A Curious Mind*. New York: Simon & Schuster, 2015.
32. NASA, Rahima. Timeline: How the Crisis in Venezuela Unfolded. *PBS Frontline*, 22 de fevereiro de 2019. Disponível em: <https://www.pbs.org/wgbh/frontline/article/timeline-how-the-crisis-in-venezuela-unfolded/>.
33. GALANTI, Geri-Ann. *Caring for Patients from Different Cultures*. Philadelphia: University of Pennsylvania Press, 2004.
34. MORAN, Robert T.; HARRIS, Philip R.; MORAN, Sarah. V. *Managing Cultural Differences*: Global Leadership Strategies for the 21st Century. Oxônia, U.K.:Butterworth-Heinemann, 2007. Nova edição em 17 de dezembro de 2010.
35. RAEBURN, Alicia. 10 Places Where Eye-Contact Is Not Recommended (10 Places Where the Locals Are Friendly). *The Travel*, 12 de setembro de 2018. Disponível em: <https://www.thetravel.com/10-places-where-eye-contact-is-not-recommended-10-places-where-the-locals-are-friendly/>.
36. CHANG, Ailsa. What Eye Contact — and Dogs — Can Teach Us About Civility in Politics. *NPR*, 8 de maio de 2015. Disponível em: <https://www.npr.org/sections/itsallpolitics/2015/05/08/404991505/what-eye-contact-and-dogs-can-teach-us-about-civility-in-politics/>.

Índice

A
adrenalina 20
Andy Warhol 15
ansiedade 139
anti-imigração 50
ataque terrorista 164
atenção 77, 84
autoconfiança 3

B
Barack Obama 15, 79
bom filme, como criar um 57

C
capacidade
  de se reinventar 66
  para incredulidade 21
  para transparência 21
carisma 52
carma 51
cena 83
cérebro 15
cineastas, melhores 68
comportamento 81
comunicação verbal 3
concentrado 79
conexão 53, 85
  como ferramenta de manipulação 171
  com o público 98–108
  como criar 103–108
coragem para ter 32
criar intimidade 98
  humana 6
  tempo, olhar fixo para ter 33
  verdadeira 32
conexões
  pessoais 51
confiança 78, 85
confuso 78
conquistas 80
contato visual 8–10, 22, 43, 52, 63, 78, 81, 171
  chave 23
  desrespeitoso 171
conversa 14, 78, 80
  de curiosidade 14, 61, 132
conversas
  de curiosidade 5, 23, 49
cordialidade no olhar 63
crença 79
crise espiritual 180
curiosidade no olhar 42
curioso 84

D
decisão 78
desejo de interagir 42
discriminação 50
dislexia 3, 159
doença de Lyme 21
dopamina 20

E
Eddie Murphy 51
Edgar Scherick 23
ego 78
energia 78–79, 83
engajado 80
escritor principal 77
escutar 78
estado de fluxo 18
experiência 81

F
família 6
Feng shui 140
Fidel Castro 128
filme 77
fluxo 18
  definição 19
foco 118
força de atração 78
franco-maçonaria 120, 121
Friday Night Lights 80

ÍNDICE

G

Gayle King 29
George W. Bush 14, 79

H

habilidade 6
  de interagir 6
    com as pessoas 6
hábito 81
haole 172
hierarquia 78, 80
hip-hop, cultura dominante 37
histórias, sua importância 87
holocausto 122
Hong Kong 139
humanidade 78
humanidade autêntica 51

I

identifica 81
Igreja da Multiplicação 179
Igreja do Santo Sepulcro 180
Imagine Entertainment 24, 139
indústria do cinema 14, 46, 74
  desafios 88
insights 14
insights, captar 26
intensidade 80
interação unidirecional 23
interpretar 82
Isaac Asimov 15

J

jet lag 139

jornada espiritual 179
Julie Oh 78

L

Liderança 78
líderes 81
  mundiais 81
linguagem 4
  corporal 4
linguagem corporal 42, 52, 118

M

mantra 118
Margaret Thatcher 15
Mark Bradford 15
meio artístico 15
mensagem 82
Mesquita Al-Aqsa 180
Michael Pollan 21
movimento hip-hop, o poder do 34
multidão 79
Muro das Lamentações 180

N

namastê 159
não verbais 4
negociações 6
noivas-crianças 16

O

oferta pública inicial 139
olhar 78
olhar nos olhos , 11
olhar nos olhos, respeito 25
olhos 79, 80
onda de ansiedade 30
Oprah 77

Oprah Winfrey 29
orador carismático 178
Oscar 45
ouvir, importância de 113

P

papel 82
persistência 77
personagem 82, 83
pessoalmente 79, 84
pessoas 81
pessoas fora de série 94
poder 5, 77
  de decisão 77
  de transformar vidas 5
político 80
posição 80
preguiçoso 3
preocupação 139
presença 78, 83, 84
presente 80, 83
presidente 80, 81
produção 52
produtor 15
produtor criativo 77
produtor executivo 77
propósito 80
público 83

Q

quebrar o desconforto 33

R

reações químicas, cérebro 20
reciprocidade, senso de 26

recompor 84
reconhecido 82
rede social, alienação 8
refugiados 50
Rei Lear 82
relação 3
relacionamento 81, 85
relacionamento, criando 49
relacionamento de confiança 54
relacionamentos criativos 54
relacionamento significativo 9
relações 7
respeito 45, 85, 54
resposta emocional 55
reuniões 4
  de grupo 4
Ronald Reagan 15

S

se conectar 6
seguro 3
sentimentos 175

ser "verdadeiro" 32
sinais 4
  não verbais 4
sincera 80
sintonia 26
sonho americano 66, 72
Sonita Alizadeh 15
startups 112
sucesso 88
sucesso, como criar 55
sucesso de um projeto 58
superficialidade, relacionamentos 42

T

talento 77
Taraji Henson 83
técnica 84
televisão 15, 77
tom de voz 52
trabalho 45
trabalho criativo 51
transformar 6
transmite 84
transmitir 81
Transtorno do
Espectro Autista 59
troca de olhares, importância da 42

V

verdadeiro amor 42
ver o outro 11
vida
  de servidão 17
  de violência 17
vida binária 174
visão 14, 59
visualização 84
vulnerabilidade para conexões 32

W

Warren Buffett 15

Y

Yakuza 128

Z

zona de conforto, rompendo a 152
zona de conforto, sair da 156